쉽게 편찬된 구역 및 대학 · 청년부
G.B.S.용 교재

쉬운 히브리서 I

프리셉트

*서문

프리셉트성경연구원에서는 1982년 이래로 성경연구 전문서적을 편찬해 왔고 목회자들과 교회지도자들을 하나님의 말씀으로 훈련하는 심도 있는 프리셉트성경연구 과정을 개설해 왔습니다.
한편 프리셉트는 한국 교회를 효과적으로 돕기 위해서 구역, 셀, 소그룹 그리고 청년부의 조모임을 위해 다양한 종류의 G.B.S. 교재를 70여 종 규모로 개발해 왔습니다. 그 종별의 특징은 다음과 같습니다.

Ⅰ. G.B.S. 교재의 종별 특징

1. High G.B.S. 시리즈
   평신도 소그룹 중 성경공부를 장기간 진행해온 분들에게 적합한 교재입니다. 프리셉트성경연구원의 고급 과정(PUP)에서 다루는 내용을 압축하여 정리한 내용으로서, 참여자들이 1시간 정도 예습해 올 수 있을 때에 효과적으로 진행할 수 있는 교재입니다.

2. BEST G.B.S. 시리즈
   소그룹 참여자들의 신앙 수준이 다양한 점을 고려하여, 다양한 도입글과 질문을 제시하였습니다. BEST G.B.S.를 쉽고 편하게 진행하기를 원하면, 「더 깊은 연구와 묵상을 위하여」를 생략하고 다룰 수 있습니다.

3. 쉬운 G.B.S. 시리즈

이 교재는 질의응답식 내용을 통해 누구나 예습 없이 현장에서 쉽게 진행할 수 있도록 구성되었습니다.

4. 주제별 G.B.S. 시리즈

이 교재는 성경의 내용을 주제별로 다뤄서 해당 주제에 대해 성경적 세계관을 확립하는 데 큰 도움을 줍니다.

5. 하나님 마음에 합한 시리즈

이 교재는 신앙생활에 관한 16가지 주제를 소그룹용으로 편찬한 교재로서, 쉬운 G.B.S.에 비해 다루는 내용이 넓고 깊습니다.

6. 40분 G.B.S. 시리즈

이 교재는 미국 프리셉트 본부에서 기획된 교재로서, 약 40분 동안 활발한 토의식 성경공부를 진행할 수 있도록 구성된 편리하고 유용한 교재입니다.

7. 기타

그 외에 수련회용, 주말 성경학교용, 청소년용, 제자훈련용 등 많은 교재가 준비되어있습니다.

Ⅱ. 인도자를 위한 안내

1. 시작 시간을 정확하게 지키십시오.
2. 성령께서 말씀의 비밀을 깨우쳐주시도록 함께 기도하십시오.
3. 성경공부에 들어가기 전, 지난 주에 깨달은 말씀을 함께 나누면서

마음을 여는 시간을 가지십시오.

4. 인도자는 「도입을 위한 글」(서론)을 읽은 후, 참여자들에게 다양한 질문을 하여 활발한 토론을 유도하십시오. 이때, 교재에 주어진 질문만 하지 말고 다른 보충 질문들을 준비하여 이끌어가십시오.
5. 각 문제마다 적절한 시간을 안배하여 중점적으로 다룰 문제는 충분히 토의하고 지엽적인 문제는 간단히 진행하십시오.
6. 각 과를 인도한 후, 다음의 평가항목을 통해 스스로 자기 점검을 하십시오.
7. 인도자로서 좀 더 깊이 성경을 배우고자 하는 분들은 프리셉트 성경연구 과정에 참여하셔서 도움을 받으시기 바랍니다(문의: 02-588-2218).

Ⅲ. 평가항목

1. 보조 질문은 좋았는가?
   명확하고 간략했는가?
   본문에 충실했는가?
   본질적인 문제에 접근했는가?
   깊은 통찰과 적절한 적용을 이끌어냈는가?
2. 참여자의 발표를 잘 유도하고 격려했는가?
3. 말을 너무 많이 하거나 적게 하지는 않았는가?
4. 준비를 충분히 하였는가?
5. 본문에서 벗어난 방향으로 토의가 진행되지는 않았는가?
6. 시간은 잘 지켰는가?

Ⅳ. 본 교재에 대하여

히브리서는 믿음에서 점점 멀어져가는 유대인들을 향한 메시지로, 율법을 능가하는 복음의 탁월함을 보여줍니다. 예수 그리스도의 우위성을 가르치며, 믿음의 길을 가는 것이 힘들고 어렵지만 끝까지 신앙을 지키는 자에게 하나님의 위로와 영광이 있음을 말하고 있습니다. 고난과 환난 가운데 있는 성도들에게 예수님은 천사나 구약의 제사장들과는 비교할 수 없는 하나님이심을 담대히 선포합니다. 세상의 유혹과 위협에 맞서기 위해 온전한 믿음을 가지며, 고난의 자리에 나아가는 것을 두려워하지 않고 끝까지 인내함으로써 믿음의 경주를 감당할 것을 담대히 도전하고 있습니다.

이 책을 공부하는 동안 여러분은 그리스도인의 삶에 대해 진지하게 고민하는 시간을 갖게 될 것입니다. 히브리서로 구성된 본 쉬운 G.B.S.를 통해 견고한 신앙의 기반을 구축하고, 위대하신 하나님을 온 심령으로 찬양하는 기쁨을 누리시기 바랍니다.

프리셉트성경연구원

원장 김경섭

쉬운 히브리서 - I

차 례

HEBREWS

히 브 리 서

1. 저자

히브리서의 저자는 확실하지 않다. 혹자는 아볼로라고 하기도 하고 누가라고 하기도 하는 등, 많은 사람들의 이름이 오르내린다. 일반적으로 사도 바울이 저자라고 알려져 있지만 확실한 것은 아니다. 저자는 불분명하지만 초기 기독교의 개종한 유대인들을 대상으로 한 히브리서는 하나님의 영감으로 쓰여진 말씀임에 분명하다.

2. 수신자

본문의 구절(2:3, 5:11-12, 6:9-10, 13:23-24)에 의하면 최초의 수신자로 간주된 사람들은 로마가 다스리는 영토 내에 거주하는 유대 그리스도인 모임에 소속된 자들이다.

3. 저작 연대와 장소

본서는 주후 70년(로마의 Titus가 예루살렘 성전을 파괴) 이전에 기록되었을 것이다. 왜냐하면 성전이 아직 있었으며 제사장들이 아직도 구약의 제사를 드렸기(8:1 이하, 9:6, 9, 10:1, 13:10 이하) 때문이다.

4. 저작의 동기와 목적

복음이 전파되면서 이방인 권세자들의 박해로 인한 배교의 위험이 많아졌다. 더욱이 신앙의 해이로 인해 그리스도인들은 영적 미성숙함과 나약함 속에 있게 되었다. 본서는 그러한 그리스도인들을 경고하고 권면하기 위해 쓰여졌다. 고난과 시험 속에서도 항상 살아 계시며 도우시는 예수 그리스도를 의지하여 끝까지 인내하고 궁극적인 구원을 얻도록 격려하기 위한 목적으로 '권면의 글'을 쓴 것이다. 이 목적을 위해 저자는 예수 그리스도의 영원하신 대제사장 되심을 중심 주제로 삼아 구약성경을 모형론적으로 설명해주고 있다.

5. 내용 분해

초점	그리스도의 우월성 1:1–4:13			그리스도 사역의 우월성 4:14–10:18			그리스도인의 믿음 생활의 우월성 10:19–13:25		
구성	선지자들 보다 뛰어 나심 1:1–1:3	천사들 보다 뛰어 나심 1:4–2:18	모세 보다 뛰어 나심 3:1–4:13	그리스도의 제사장직 4:14–7:28	그리스도의 언약 8:1–8:13	그리스도의 성소와 제사 9:1–10:18	믿음의 확신 10:19–11:40	믿음의 인내 12:1–12:29	사랑의 권고 13:1–13:25
주제	그리스도의 위엄			그리스도의 사역			그리스도를 위한 목회자		
	교리						훈련		
장소	미상								
연대	주후 약 64-68년								

1 영광의 광채

▶ 본문 : 히브리서 1:1-3 ▶ 요절 : 히브리서 1:3

1 옛적에 선지자들을 통하여 여러 부분과 여러 모양으로 우리 조
상들에게 말씀하신 하나님이 **2** 이 모든 날 마지막에는 아들을 통
하여 우리에게 말씀하셨으니 이 아들을 만유의 상속자로 세우시
고 또 그로 말미암아 모든 세계를 지으셨느니라 **3 이는 하나님의
영광의 광채시요 그 본체의 형상이시라 그의 능력의 말씀으로 만
물을 붙드시며 죄를 정결하게 하는 일을 하시고 높은 곳에 계신 지
극히 크신 이의 우편에 앉으셨느니라**

▣ 도입을 위한 글

많은 사람들이 영광 얻기를 원한다. 그 영광을 위해서라면 사람들은 밤잠을 설치며 노력하고 땀 흘리기를 마다하지 않는다. 그러나 사람들이 그토록 원하는 영광이란 도대체 무엇인가? 고작 남보다 편안하게 살 수 있는 부, 남들의 존경을 받는 명예, 남들을 지배할 수 있는 권력 정도가 아닌가? 그런데 이 모든 영광을 누렸던 솔로몬 왕이 인생 말년에 고백한 말이

무엇인가? "전도자가 이르되 헛되고 헛되며 헛되고 헛되니 모든 것이 헛되도다 해 아래에서 수고하는 모든 수고가 사람에게 무엇이 유익한가"(전 1:2-3). 옳은 말이다. 세상의 모든 영광은 제아무리 찬란하고 영원하게 보일지라도 유한할 뿐이다. 인간의 역사가 이를 분명하게 보여준다. 그렇다면 진짜 영광은 무엇일까?

– 양재웅, 『묵상노트』

도입을 위한 질문

1. 여러분이 영광스럽게 생각하는 일에 대해서 이야기해 보십시오.

___

___

2. '하나님께 영광을 돌린다'는 말에는 어떤 의미가 있습니까?

___

___

본문 질문

1. 하나님께서는 인간의 구원을 위해서 자신의 계획을 어떻게 나타내셨습니까?(1절)

*하나님은 인간의 구원에 필요한 여러 가지 사실을 계시하셨다(사 7:14; 요 20:31).

2. '이 모든 날 마지막'이 의미하는 것은 무엇입니까?(2절)

*헬라어 본문을 직역하면, '이 날들의 마지막에'이다. 모든 유대인들이 대망하던 날이다 (마 24:14).

3. 하나님이 구원을 위해서 말씀하신 방법은 무엇입니까?(2절)

4. 하나님은 아들을 어떤 자로 세우셨습니까?(2절)

*상속자(헬. 클레로노모스): 신약에서는 그리스도를 통해 하나님의 백성이 된 자를 의미한다.

5. 예수 그리스도에 대한 히브리서 기자의 설명을 정리해 보십시오(3절).

*광채(헬. 아파우가스마): 하나님의 위엄을 완벽하게 반영한 그리스도의 반영된 광채이다 (요 1:4–9; 고후 4:6).

*형상(헬. 카라크테르): 똑같이 '조각하다, 복사하다'의 뜻으로 이는 하나님의 본질이 그대로 예수님께 나타났음을 의미한다(요 14:8-10).

6. '만물을 붙드시며 죄를 정결하게 하는 일'에 대하여 구체적으로 설명해 보십시오(3절).

*붙드시며(헬. 페로): 운반하다, 참다, 견디다, 데려오다, 보이다, 산출하다, 생산하다, 지도하다, 관리하다.

적용 질문

1. 구원을 위한 하나님의 계획의 독특성에 대해서 설명해 보십시오.

2. 본문에서 드러난 예수 그리스도를 한마디로 표현해 보십시오.

▣ 적용을 위한 글

유대교에서 기독교로 개종하였으나 교리적 · 정치적 박해 때문에 다시 유대교로 돌아가려는 유혹을 받고 있던 유대인들을 위하여 기록된 히브리서는 유대인들에게 무엇이 제일 중요한가를 가르쳐 줍니다. 유대인들이 제일 소중히 여기던 율법과 전통이 아니라, 예수 그리스도가 해답이라는 사실입니다. 하나님만을 섬기던 유대인들에게 예수 그리스도의 가치는 항상 의심의 대상이었습니다. 그러나 저자는 하나님의 영광의 광채가 바로 예수 그리스도라는 사실을 분명하게 밝힙니다. 예수 그리스도는 하나님과 동등하신 분으로서(빌 2:6) 성육신 후, 그의 인격(요 14:9)과 교훈을 통하여 하나님의 뜻을 온전히 드러내셨습니다(2절). 또한 구속 사역을 완성하심으로써 구약의 예언을 성취하신 분이므로(3절), 선지자들보다 우월함을 명료하게 밝힙니다. 영광의 광채는 하나님이십니다. 동시에 예수 그리스도이십니다. 하나님께서 모든 권한을 예수 그리스도께 맡기셨기 때문입니다. 예수 그리스도는 하나님의 영광의 광채이시며, 본체도 하나님과 동일하신 하나님이십니다.

예수 그리스도의 우월성 2

▶ 본문 : 히브리서 1:4–14　　▶ 요절 : 히브리서 1:4

4 그가 천사보다 훨씬 뛰어남은 그들보다 더욱 아름다운 이름을
기업으로 얻으심이니 **5** 하나님께서 어느 때에 천사 중 누구에게
너는 내 아들이라 오늘 내가 너를 낳았다 하셨으며 또 다시 나는
그에게 아버지가 되고 그는 내게 아들이 되리라 하셨느냐 **6** 또 그
가 맏아들을 이끌어 세상에 다시 들어오게 하실 때에 하나님의 모
든 천사들은 그에게 경배할지어다 말씀하시며 **7** 또 천사들에 관하
여는 그는 그의 천사들을 바람으로, 그의 사역자들을 불꽃으로 삼
으시느니라 하셨으되 **8** 아들에 관하여는 하나님이여 주의 보좌는
영영하며 주의 나라의 규는 공평한 규이니이다 **9** 주께서 의를 사
랑하시고 불법을 미워하셨으니 그러므로 하나님 곧 주의 하나님
이 즐거움의 기름을 주께 부어 주를 동류들보다 뛰어나게 하셨도
다 하였고 **10** 또 주여 태초에 주께서 땅의 기초를 두셨으며 하늘
도 주의 손으로 지으신 바라 **11** 그것들은 멸망할 것이나 오직 주
는 영존할 것이요 그것들은 다 옷과 같이 낡아지리니 **12** 의복처럼
갈아입을 것이요 그것들은 옷과 같이 변할 것이나 주는 여전하여
연대가 다함이 없으리라 하였으나 **13** 어느 때에 천사 중 누구에게
내가 네 원수로 네 발등상이 되게 하기까지 너는 내 우편에 앉아
있으라 하셨느냐 **14** 모든 천사들은 섬기는 영으로서 구원 받을 상
속자들을 위하여 섬기라고 보내심이 아니냐

▫ 도입을 위한 글

지그 지글러 박사는『행복한 그리스도인의 고백』이라는 책을 썼다. 그 책을 쓰게 된 동기가 있다. 어느 날 늦게 강의를 마치고 집으로 돌아올 때였다. 피곤했던 지글러 박사는 운전을 하다가 그만 깜빡 졸았다. 그런데 비몽사몽간에 보니 누가 운전을 하고 있었다. 빨간 불이면 서고, 장애물이 있으면 피하였다. 드디어 집 앞에 무사히 도착! 그는 집으로 들어오면서 "여보! 내 운전 실력이 보통이 아니라구! 졸면서 운전했는데도 아무 일 없이 이렇게 무사히 왔다구"라고 말했다. 아무 대답이 없자 방 문을 열었는데, 아내가 침대에 엎드려 기도하고 있었다. 아내는 들어오는 남편을 보며 물었다. "여보! 당신 누가 운전해 주는 것 같지 않았나요?" "글쎄 말야, 분명히 졸았는데 누가 내 대신 운전해 주더라구!" "그게 바로 제가 기도할 때 하나님께서 파송한 천사예요." 이 말을 들은 지그 지글러는 "나는 천사가 도와주는 행복한 성도다" 하며 책을 썼다. 성경 66권 중에 34권에 천사가 등장하는데, 무려 275회나 사용되고 있다. 천사들은 성도들에게 유익한 영적 존재로 등장한다. 하나님의 영광을 찬송하며 하나님의 일을 수종들고 있다. 그러나 천사는 숭배(예배)의 대상이 아니다(골 2:18).

도입을 위한 질문

1. '그땐 정말 천사가 도와준 거야!'라는 생각이 드는 사건이 있다면 서로 조심스럽게 나누어 보십시오.

2. 천사의 기원에 대해서 아는 대로 설명해 보십시오.

본문 질문

1. 예수 그리스도가 천사보다 우월한 이유에 대해서 써 보십시오(4–5절).

2. '맏아들'(6절)이 담고 있는 의미와 그리스도의 우월성을 연결하여 설명해 보십시오(6절).

*맏아들(헬. 프로토토코스): 문자적으로 혹은 상징적으로 '먼저 태어남'을 의미한다(롬 8:29; 골 1:15, 18).

3. 하나님은 천사들을 무엇으로 세우셨습니까?(7절)

*바람과 불꽃으로: '영'으로 해석하는 학자도 있지만, 보다 정확한 해석은 '바람과 불꽃처럼 빠르게' 사역함과, 천사를 바람과 불꽃으로 사용하시는 그리스도의 절대적 우월성을 표현한다.

4. 예수 그리스도의 신분에 대해서 어떻게 설명하고 있습니까?(8–9절)

*보좌, 규(헬. 드로노스): 왕적 권위와 통치력을 상징한다.

5. 창조 시 예수 그리스도께서 하신 일은 무엇입니까?(10절)

*요 1:1–3; 롬 11:36; 고전 8:6; 골 1:16

6. 그리스도의 영원하심에 대해서 설명해 보십시오(11–12절).

*영존(헬. 디아메노): 변하지 않는 상태를 강조할 때 주로 사용되었다. 또한 금방 사라질 세상과 비교하여 영원히 존재하시는 하나님을 나타낼 때 사용된다(시 102:26–27).

7. 예수 그리스도와 천사와의 관계를 간단하게 정리해 보십시오(13–14절).

*구원 받을 상속자: 구원의 극치를 이루는 최종적 구원을 말하는 것으로 그리스도와 함께 영적인 유업을 누릴 성도를 가리킨다.

적용 질문

1. 예수 그리스도가 어떤 면에서 천사보다 우월한지 설명해 보십시오.

2. 예수 그리스도의 우월성이 여러분과 어떤 상관이 있는지 이야기해 보십시오.

▫ 적용을 위한 글

예수 그리스도는 천사와 비교할 수 없을 정도로 우월하십니다. 기독교인 중에서도 영적 존재인 천사의 능력을 맹신하는 사람들이 있습니다. 이 서신이 기록된 당시에도 그랬습니다. 그 당시 유대인들에게 있어 천사는, 하나님과 자신들 사이를 중개해 주는 강력한 중보자였으며(갈 3:19), 심한 경우 숭배의 대상이기도 했습니다(골 2:18). 그러나 실상은 정반대입니다. 예수 그리스도는 '아들'이라는 이름을 받으셨고(4–5절), 천사의 경배와 섬김을 받기에 합당하시며(6–7절), 기름 부음을 받으셨고(8–9절), 영원무궁하신 창조주이십니다(10–12절). 또한 하나님에 의하여 높여지신 분(13–14절)으로 감히 천사와 비교가 안 될 정도로 우월하십니다. 예수 그리스도는 영원하십니다. 천사는 하나님의 우편에 앉아 계신 예수 그리스도를 수종드는 존재입니다. 그러므로 예수 그리스도만 의지하십시오.

3 구원의 확증

▶ 본문 : 히브리서 2:1–4　　▶ 요절 : 히브리서 2:3

1 그러므로 우리는 들은 것에 더욱 유념함으로 우리가 흘러 떠내
려가지 않도록 함이 마땅하니라 **2** 천사들을 통하여 하신 말씀이
견고하게 되어 모든 범죄함과 순종하지 아니함이 공정한 보응을
받았거든 **3 우리가 이같이 큰 구원을 등한히 여기면 어찌 그 보응
을 피하리요 이 구원은 처음에 주로 말씀하신 바요 들은 자들이 우
리에게 확증한 바니** **4** 하나님도 표적들과 기사들과 여러 가지 능
력과 및 자기의 뜻을 따라 성령이 나누어 주신 것으로써 그들과 함
께 증언하셨느니라

▫ 도입을 위한 글

"당신을 구원하는 것은 주님을 향한 열망이 아니다. 바로 주님이시다. 당신을 구원하는 것은 주님 안에서의 기쁨이 아니다. 바로 주님이시다. 주님에 대한 믿음도 아니다. 그것은 수단일 뿐이다. 바로 주님의 보혈과 은혜이다." 구원은 우리의 노력과 열심으로 얻을 수 없다. 절대로 불가능하다. 그런데 어느 순간부터 인간의 공로가 구원에 가미되기 시작했다. 인

류를 위해 지대한 공헌을 한 사람, 선행을 많이 한 사람, 모든 사람이 인정하는 성자 등이 구원받을 수 있을 거라는 암묵적인 생각들이 인정받기 시작했다. 결국 이러한 사상들은 예수 그리스도보다 다른 것들에 눈을 돌리게 만들었다. 진짜 구원과 거리가 멀어진 것이다. 구원은 하나님의 선물이다. 선물이신 예수 그리스도, 그분이 십자가에 흘리신 보혈로만 구원을 얻는다. 구원을 확증하는 것도 다른 데에 있지 않다. 오직 예수 그리스도께 있다.

– 찰스 스펄전, 『십자가』

도입을 위한 질문

1. 여러분은 구원의 확신이 있습니까? 구원을 확신하는 이유에 대해서 고백해 보십시오.

____

____

2. 구원이 여러분의 삶에 중요한 이유를 나누어 보십시오.

____

____

본문 질문

1. '우리가 들은 것'이 무엇인지 설명해 보십시오(1절).

2. 본 서신의 저자가 걱정하고 있는 것은 무엇입니까?(1절)

*유념(헬. 프로세코): (상징적으로) 마음을 '–에 두다', 즉 주의하다, 조심하다, 전념하다, 지지하다, 유의하다, 주목하다, 관심을 가지다, 종사하다(마 15:6).

3. '천사들을 통하여 하신 말씀'이 의미하는 것은 무엇입니까?(2절)

*신약성경은 율법이 천사들을 통해서 전해진 것으로 증언한다(행 7:53; 갈 3:19).

4. '공정한 보응'이라는 말을 통해서 우리가 율법에 대해 잊지 말아야 할 것은 무엇입니까?(2절)

*공정한(헬. 엔디코스): '바르게', 즉 공정한, 정당한. 천사들을 통해 주어진 율법이 확실한 효력을 나타내게 되면 그 율법을 범한 자에게 심판이 있다.

5. '큰 구원'은 무엇을 의미합니까?(3절)

*고전 15:1–6; 엡 2:1–5; 골 2:13–15

6. 하나님께서 행하신 기적을 나열해 보십시오(4절).

*하나님은 만물을 직접 운행하시며 통치하시는 다양한 기적을 보이셨다(롬 15:18–19; 고전 12:1–11; 엡 4:16).

적용 질문

1. 예수 그리스도를 통한 구원이 확실한 이유를 설명해 보십시오.

2. 구원을 확증받은 신자는 어떤 삶의 태도를 가져야 합니까?

▣ 적용을 위한 글

예수 그리스도는 우월하십니다. 그런데 단순히 그것을 아는 데 그친다면 아무 의미가 없습니다. 그래서 히브리서 기자는 구원받은 신자의 삶에 대해서 구체적으로 기록하였습니다. 그리스도의 우월성을 아는 신자들이 구체적으로 어떠한 반응을 보여야 할지를 언급하고 있습니다. 즉, 신자들은 구원해 주신 예수님께 감사함으로 이미 받은 구원을 소중히 여기며 잘 지켜 나가야 한다는 것입니다(빌 2:12). 왜냐하면, 과거에 천사들과 선지자들을 통해 주어졌던 율법을 범하는 일로도 엄한 벌을 받았는데(레 10:1-7), 그들보다 훨씬 우월하신 그리스도로 말미암은 은혜의 구원을 경시할 때 주어질 형벌은 준엄할 수밖에 없기 때문입니다. 이러한 사실은, 구원에 있어 하나님의 은혜에 대한 성도의 순종의 의무가 실로 중대한 일임을 깨닫게 합니다. 예수 그리스도를 통하여 확증된 구원을 받은 신자들의 삶에 십자가는 결코 뗄 수 없는 징표입니다.

신실한 대제사장 4

▶ 본문 : 히브리서 2:5–18 ▶ 요절 : 히브리서 2:17

5 하나님이 우리가 말하는 바 장차 올 세상을 천사들에게 복종하게
하심이 아니니라 **6** 그러나 누구인가가 어디에서 증언하여 이르되 사
람이 무엇이기에 주께서 그를 생각하시며 인자가 무엇이기에 주께서
그를 돌보시나이까 **7** 그를 잠시 동안 천사보다 못하게 하시며 영광과
존귀로 관을 씌우시며 **8** 만물을 그 발 아래에 복종하게 하셨느니라
하였으니 만물로 그에게 복종하게 하셨은즉 복종하지 않은 것이 하나
도 없어야 하겠으나 지금 우리가 만물이 아직 그에게 복종하고 있는
것을 보지 못하고 **9** 오직 우리가 천사들보다 잠시 동안 못하게 하심
을 입은 자 곧 죽음의 고난 받으심으로 말미암아 영광과 존귀로 관을
쓰신 예수를 보니 이를 행하심은 하나님의 은혜로 말미암아 모든 사
람을 위하여 죽음을 맛보려 하심이라 **10** 그러므로 만물이 그를 위하
고 또한 그로 말미암은 이가 많은 아들들을 이끌어 영광에 들어가게
하시는 일에 그들의 구원의 창시자를 고난을 통하여 온전하게 하심이
합당하도다 **11** 거룩하게 하시는 이와 거룩하게 함을 입은 자들이 다
한 근원에서 난지라 그러므로 형제라 부르시기를 부끄러워하지 아니
하시고 **12** 이르시되 내가 주의 이름을 내 형제들에게 선포하고 내가
주를 교회 중에서 찬송하리라 하셨으며 **13** 또 다시 내가 그를 의지하
리라 하시고 또 다시 볼지어다 나와 및 하나님께서 내게 주신 자녀라
하셨으니 **14** 자녀들은 혈과 육에 속하였으매 그도 또한 같은 모양으로
혈과 육을 함께 지니심은 죽음을 통하여 죽음의 세력을 잡은 자 곧 마귀

를 멸하시며 **15** 또 죽기를 무서워하므로 한평생 매여 종 노릇 하는 모든
자들을 놓아 주려 하심이니 **16** 이는 확실히 천사들을 붙들어 주려 하심
이 아니요 오직 아브라함의 자손을 붙들어 주려 하심이라 **17 그러므로
그가 범사에 형제들과 같이 되심이 마땅하도다 이는 하나님의 일에 자
비하고 신실한 대제사장이 되어 백성의 죄를 속량하려 하심이라** **18** 그
가 시험을 받아 고난을 당하셨은즉 시험 받는 자들을 능히 도우실 수 있
느니라

▫ 도입을 위한 글

많은 사람이 사랑을 하고 사랑을 받는다. 사랑은 인간에게 있어서 없어서는 안 될 삶의 원동력이 분명하다. 그런데 인간의 사랑은 유한하다. 부모와 자녀 간의 사랑, 이성 간의 사랑, 친구 간의 우정 등 많은 사랑을 나누지만 인간의 사랑은 절대로 영원하지 않다. 죽음으로써 사랑의 한계를 초월하려고 하지만 죽음 후에 인간을 기다리는 것은 하나님의 심판뿐이다. 참 사랑의 모델 아니, 사랑 그 자체이신 예수 그리스도가 십자가에서 보여 주신 사랑은 매우 놀랍다. 말할 수 없이 크신 사랑이며 인간의 그 어떤 언어로도 형언할 수 없는 사랑이다. 갈보리의 사랑만이 진짜 사랑이다. 갈보리 십자가에서 시작하지 않는 사랑의 종말은 심판이기 때문이다. 그 사랑을 보여 주시고 죽으신 예수 그리스도와 함께 살고 있는가? 구약시대의 대제사장은 백성의 중보자가 되어서 성소에서 하나님께 매년 제사를 드려야만 했다. 그러나 이제는 그럴 필요가 없다. 완전한 대제사장이신 예수 그리스도께서 친히 제물이 되셔서 모든 죄를 속량하셨기 때문이다.

주 안에 거할 때 비로소 우리는 진정한 사랑을 깨닫게 되며, 다른 사람들과도 받은 그 사랑을 나눌 수 있게 된다.

도입을 위한 질문

1. 예수 그리스도의 사랑에 대한 여러분의 사랑을 고백해 보십시오.

2. 구약시대의 대제사장의 역할에 대해서 설명해 보십시오.

본문 질문

1. 예수 그리스도께서 천사보다 낮아지신 이유는 무엇입니까?(5-9절)

*저자는 반어법을 사용하여 강력한 주장을 한다. 즉 장차 올 세상으로 불리는 교회의 상태는 천사들에게 복속된 것이 아니라는 것이다. 새로운 세계는 그리스도께 속해 있으며 오직 그리스도만이 통치하신다.

2. 예수 그리스도가 당하신 고난에 담긴 의미는 무엇입니까?(9-10절)

*고난(헬. 파데마): 고통, 불행, 재난, 고뇌, 인내.

*인간에게 주신 하나님의 은혜의 열매는 그리스도의 인성에 하나님의 온전한 거룩하심 가운데 영광과 명예의 면류관을 씌우신 것이다.

3. 예수 그리스도로 하여금 고난을 받게 하신 분은 누구입니까?(9-10절)

*구원의 방법을 정하신 이도 하나님이시며 이 구원의 대상을 고난받게 하여 온전하게 하신 분도 하나님이시다. 예수 그리스도는 십자가를 통하여 면류관에 이르는 길을 발견하셨다. 그러므로 그의 백성들도 그와 같이 해야 한다.

4. 예수 그리스도의 고난으로 인하여 신자들이 받은 은혜는 무엇입니까?(11-13절)

*시 18:2-3, 22:22; 사 8:18.

5. 예수 그리스도께서 성육신하신 이유는 무엇입니까?(14–18절)

*예수 그리스도는 사람의 몸을 입고 오셔서 사람에게 내려진 모든 율법의 저주를 홀로 감당하셨다. 이로 말미암아 모든 사람은 죄에서 해방되었다(롬 5:17; 갈 3:13–14).

6. 대제사장이신 예수 그리스도와 일반적인 대제사장의 직무에 대해서 설명해 보십시오(17–18절).

*대제사장은 1년에 1번 대속죄일에 지성소에 들어가서 온 백성의 죄를 속하는 제사를 드렸다(레 16:34; 히 9:7).

적용 질문

1. 예수 그리스도의 성육신이 인류 구원에 끼친 영향력에 대해서 나누어 보십시오.

2. 예수 그리스도가 왜 신실한 대제사장이신지 이야기해 보십시오.

▣ 적용을 위한 글

히브리서 기자는 사람의 현재 상태는 천사보다 못하지만 그것은 잠깐 동안의 일일 뿐이고 나중에는 천사보다 귀한 존재가 될 것임을 강조합니다. 그리고 예수 그리스도께서 잠깐 동안 천사보다 못한 사람의 육신을 입고 오신 것은 사람들의 모든 죄 문제를 해결함으로써 천사보다 귀한 존재로 삼으시려 함이었음을 분명히 밝혔습니다. 예수 그리스도의 수난의 목적과 고난의 이유, 성육신까지 논리정연하게 설명했습니다. 이를 통하여 예수 그리스도의 성육신은 영원한 낮아지심이 아니라 성육신을 통하여 다른 인간들까지도 천사보다 높은 지위에 이르게 하시려는 하나님의 놀라운 계획이었음을 알게 됩니다. 구약시대의 대제사장의 직무를 갈보리 십자가에서 단번에 이루신 예수 그리스도야말로 진실로 온전하고 신실하신 대제사장이십니다.

예수를 깊이 생각함 5

▶ 본문 : 히브리서 3:1-6 ▶ 요절 : 히브리서 3:1

1 그러므로 함께 하늘의 부르심을 받은 거룩한 형제들아 우리가
믿는 도리의 사도이시며 대제사장이신 예수를 깊이 생각하라 **2** 그
는 자기를 세우신 이에게 신실하시기를 모세가 하나님의 온 집에
서 한 것과 같이 하셨으니 **3** 그는 모세보다 더욱 영광을 받을 만한
것이 마치 집 지은 자가 그 집보다 더욱 존귀함 같으니라 **4** 집마
다 지은 이가 있으니 만물을 지으신 이는 하나님이시라 **5** 또한 모
세는 장래에 말할 것을 증언하기 위하여 하나님의 온 집에서 종으
로서 신실하였고 **6** 그리스도는 하나님의 집을 맡은 아들로서 그와
같이 하셨으니 우리가 소망의 확신과 자랑을 끝까지 굳게 잡고 있
으면 우리는 그의 집이라

▫ 도입을 위한 글

40일 금식을 마치신 후 예수님은 성령 충만하셨다. 그런데 그때 사탄이 예수님께로 와서 유혹하였다. 그 세 가지 유혹은 아주 달콤하며 상당히 치명적이었다. 성육신하여 인성을 가지신 예수님은 분명 타협하고 싶은 생각이 들었을 것이다. 그러나 예수님은 그때마다 하나님의 말씀으로 사

탄을 대적하셨고, 그 결과 승리자는 예수님이셨다. 예수님의 초점은 세상 것에 있지 않았다. 오직 하나님의 말씀, 그분의 뜻에 대한 절대 순종뿐이었다. 우리는 어떠한가? 매 주일 교회에 나가 예배도 드리고 다양한 모습으로 봉사하는 그 순간 그 자리에 사탄은 이미 와 있다. 그리고 예수님께 했듯이 똑같이 우리를 유혹하고 있다. 그때마다 흔들리거나 넘어지지는 않는가? 예수님을 생각하며 십자가를 붙들고 있다면 절대로 사탄에게 속지 않는다. 잠깐이라도 세상의 것을 생각할 때 우리는 패배자가 된다. 그러므로 우리는 이렇게 기도해야 한다. "날마다 십자가의 능력만이 삶 속에 깊이 뿌리 내리게 하소서."

도입을 위한 질문

1. 오늘 여러분의 삶을 돌아보십시오. 과연 예수님과 그분의 말씀을 얼마나 생각했습니까?

____

____

2. 여러분에게 예수님은 어떤 분이신지 한 문장으로 써 보십시오.

____

____

본문 질문

1. 저자는 예수 그리스도를 어떻게 부르고 있습니까?(1절)

*'우리가 믿는 도리'는 예수가 그리스도시며 하나님의 아들이라고 고백하는 것이다(마 16:16).

*생각하라(헬. 카타노에오): 인지하다, 알아채다, 관찰하다, 이해하다(마 7:3), 진지하게 숙고하다, 시선(정신)을 집중하다.

2. '하나님의 온 집'이 의미하는 것은 무엇입니까?(2절)

*'집(헬. 오이코스): 거주, 함축적으로 '일가족', 집안, 식구(눅 1:23; 행 7:10), 성전, 집, 집의 일원, 가정을 형성하는 모든 사람, 가족, 가계, 민족, 자손들.

3. 모세의 영광과 그리스도의 영광의 차이점은 무엇인지 써 보십시오(3절).

*출 34:33; 고후 3:7, 13.

4. 만물을 창조하신 분은 누구이십니까?(4절)

*지으신(헬. 카타스큐아조): 완전히 준비하다, 함축적으로 짜맞추다, 창조하다, 만들다, 정하다(마 11:10).

5. 모세의 삶을 한 단어로 표현해 보십시오(5절).

*신실(헬. 피스토스): 믿을 만한, 신뢰할 수 있는, 충성스러운, 쉽게 설득당하는, 믿는, 확신하는.

6. 예수 그리스도와 모세를 비교할 때 우월한 사람은 누구이며, 그 이유는 무엇인지 써 보십시오(2-6절).

*세우신(헬. 포이에오): 어떤 목적을 이루기 위해 사건을 준비하고 실행하는 것을 말한다.

*종(헬. 데라폰): '종, 심부름꾼, 사환'이라는 뜻으로 주인에게 예속되어 그에게 복종하는 사람을 가리킨다.

적용 질문

1. 여러분은 '함께 하늘의 부르심을 받은 거룩한 형제'입니까?

2. 모세를 닮기보다는 예수님을 닮으려는 믿음의 결단을 해 보십시오.

▫ 적용을 위한 글

히브리서 기자는 모세와 예수 그리스도를 비교하면서 그리스도의 우월성을 설명하고 있습니다. 모세는 하나님의 집의 종으로 아주 신실하게 살았습니다. 모세는 이스라엘 백성의 가장 위대한 지도자요, 하나님께로부터 율법을 받은 지도자였습니다. 그래서 모세는 모든 유대인이 가장 존경하는 지도자로서 지금까지 존경받고 있습니다. 그러나 모세는 예수 그리스도를 드러내는 그림자일 뿐입니다. 예수 그리스도의 가르침과 하신 일들을 깊이 생각하는 것이 우리에게 가장 중요합니다. 매 순간 예수 그리스도의 삶을 생각해야 합니다. 그분의 십자가, 죽으심, 부활을 묵상하며 예수 그리스도와 한 걸음씩 동행하는 믿음의 길을 걸으십시오.

6 내가 이 세대에 노하여

▶ 본문 : 히브리서 3:7–19　　▶ 요절 : 히브리서 3:14

7 그러므로 성령이 이르신 바와 같이 오늘 너희가 그의 음성을 듣거
든 **8** 광야에서 시험하던 날에 거역하던 것 같이 너희 마음을 완고하
게 하지 말라 **9** 거기서 너희 열조가 나를 시험하여 증험하고 사십 년
동안 나의 행사를 보았느니라 **10** 그러므로 내가 이 세대에게 노하여
이르기를 그들이 항상 마음이 미혹되어 내 길을 알지 못하는도다 하
였고 **11** 내가 노하여 맹세한 바와 같이 그들은 내 안식에 들어오지 못
하리라 하였다 하였느니라 **12** 형제들아 너희는 삼가 혹 너희 중에 누
가 믿지 아니하는 악한 마음을 품고 살아 계신 하나님에게서 떨어질
까 조심할 것이요 **13** 오직 오늘이라 일컫는 동안에 매일 피차 권면하
여 너희 중에 누구든지 죄의 유혹으로 완고하게 되지 않도록 하라 **14**
우리가 시작할 때에 확신한 것을 끝까지 견고히 잡고 있으면 그리스
도와 함께 참여한 자가 되리라 **15** 성경에 일렀으되 오늘 너희가 그의
음성을 듣거든 격노하시게 하던 것 같이 너희 마음을 완고하게 하지
말라 하였으니 **16** 듣고 격노하시게 하던 자가 누구냐 모세를 따라 애
굽에서 나온 모든 사람이 아니냐 **17** 또 하나님이 사십 년 동안 누구에
게 노하셨느냐 그들의 시체가 광야에 엎드러진 범죄한 자들에게가 아
니냐 **18** 또 하나님이 누구에게 맹세하사 그의 안식에 들어오지 못하
리라 하셨느냐 곧 순종하지 아니하던 자들에게가 아니냐 **19** 이로 보
건대 그들이 믿지 아니하므로 능히 들어가지 못한 것이라

▣ 도입을 위한 글

어느 도시에서 말 한 마리가 마차 안에 어린아이를 태우고 달아나 버렸다. 아이가 위험에 처한 것을 보고 한 젊은이가 생명을 무릅쓰고 말을 붙들어 정지시켰다. 구출된 그 어린아이는 성장하여 무법자가 되었고, 어느 날 중죄를 언도받기 위해 한 재판관 앞에 섰다. 그 죄수는 그 재판관이 수년 전 자기 생명을 구해 준 사람인 것을 알아차렸다. 죄수는 곧 재판관에게 자비를 베풀어 달라고 애원했다. 그러나 재판관의 대답에 그는 고개를 숙인 채 침묵할 수밖에 없었다. "젊은이, 그때는 내가 당신의 구원자였소. 그러나 지금은 당신의 재판자요. 나는 당신을 교수형에 처할 것을 언도해야만 하오."

어느 날 예수 그리스도는 반항하는 죄인들에게 말씀하실 것이다. "그 긴 은혜의 날 동안 나는 구원자였으며 나는 너희를 용서하였다. 그러나 지금은 너희의 심판자이다. 저주받은 자여. 나를 떠나 영원한 불못으로 가라!" 그 아들에게 입 맞추라! 결국 그는 당신을 위하여 십자가에서 죽으셨을 때 당신과 입 맞추셨다. 갈보리에서 인애와 진리가 만나고 의와 화평이 서로 입 맞추었다(시 85:10). 오직 갈보리에서 당신은 의의 왕이시며 평화의 왕이신 그를 믿음으로 의와 평화를 발견할 수 있다. 오늘, 하나님은 은혜로 말씀하신다. 그러나 당신이 은혜를 저버리고 죄 가운데 살아간다면 내일, 하나님께서는 진노 가운데 말씀하실 것이다.

– 인터넷 예화사전

도입을 위한 질문

1. 지금 여러분의 삶을 향해 경고하시는 주님의 음성은 무엇입니까?

2. 불신앙이 무엇인지 정의해 보십시오.

본문 질문

1. 저자가 전하는 주님의 음성은 무엇입니까?(7-8절)

*완고하게(헬. 스클레뤼노): 단단하게 하다, 굳히다, 강퍅하다, 고집 세다, 모질다.

2. 주님이 이 세대에 진노하신 이유를 써 보십시오(9-10절).

*출애굽한 이스라엘 백성이 반복해서 죄를 범하는 근본적인 이유는 그들이 하나님의 말씀을 청종치 않아 죄를 지었기 때문이다.

3. 출애굽한 이스라엘 백성에게 내려진 하나님의 심판은 무엇입니까?(11절)

4. 저자가 전하는 주님의 경고를 정리해 보십시오(12–13절).

*떨어질까(헬. 아피스테미): '멀어지다, 변절하다, 끊어지다'라는 뜻으로 하나님과의 관계가 단절되는 상태를 의미한다.

5. '그리스도와 함께 참여한 자'는 누구입니까?(14절)

*함께 참여한 자(헬. 메토코스): 참여하는, 나누는 자, 함축적으로 회합, 친구, 동참자, 동반자.

6. 출애굽한 이스라엘 백성이 하나님의 안식에 들어가지 못한 결정적인 이유는 무엇입니까?(15–19절)

*하나님께서는 그에게 범죄하고 또 죄에 계속 머물러 있는 사람들로 인하여 슬퍼하신다. 불신은(그 결과인 반역과 함께) 이 세상에서 가장 저주받을 죄이다. 이 죄는 하나님의 마음 문과 하늘 문을 닫게 만든다.

적용 질문

1. 여러분은 예수님을 믿으며 말씀에 순종하는 삶을 살고 있습니까?

2. 오늘날, '이 세대를 향한 주님의 경고'가 무엇인지 나누어 보십시오.

▣ 적용을 위한 글

히브리서 기자는 불신앙에 대해서 경고하고 있습니다. 출애굽한 이스라엘 백성을 예로 들면서 아주 구체적인 죄를 지적하고 있습니다. 출애굽한 이스라엘 백성은 하나님이 행하신 크고 놀라운 기적들을 보았음에도 여전히 마음이 완고했습니다. 그들의 결정적인 문제는 말씀에 대한 순종이 없고, 하나님을 전적으로 믿지 않은 것이었습니다. 특히 이러한 사실을 반복해서 설명합니다. 출애굽한 이스라엘 백성이 광야 40년 동안 하나님을 진노하게 하여 '하나님의 안식에 들어가지 못하리라'는 하나님의 맹세를 언급하면서 불신앙에 대해서 엄중히 경고하였습니다. 이 경고는 본 서신의 수신자 그리고 지금 우리에게도 동일하게 적용됩니다. 처음 믿을 때 견고히 붙들고 있는 복음을 끝까지 지키면 그리스도와 함께 하나님의 나라에 들어갈 수 있습니다. 여러분을 거듭나게 한 십자가의 복음이 지금도 삶의 중심에 있습니까?

7 안식할 때

▶ 본문 : 히브리서 4:1–10 ▶ 요절 : 히브리서 4:9

1 그러므로 우리는 두려워할지니 그의 안식에 들어갈 약속이 남아
있을지라도 너희 중에는 혹 이르지 못할 자가 있을까 함이라 **2** 그
들과 같이 우리도 복음 전함을 받은 자이나 들은 바 그 말씀이 그들
에게 유익하지 못한 것은 듣는 자가 믿음과 결부시키지 아니함이라
3 이미 믿는 우리들은 저 안식에 들어가는도다 그가 말씀하신 바와
같으니 내가 노하여 맹세한 바와 같이 그들이 내 안식에 들어오지
못하리라 하셨다 하였으나 세상을 창조할 때부터 그 일이 이루어졌
느니라 **4** 제칠일에 관하여는 어딘가에 이렇게 일렀으되 하나님은
제칠일에 그의 모든 일을 쉬셨다 하였으며 **5** 또 다시 거기에 그들
이 내 안식에 들어오지 못하리라 하였으니 **6** 그러면 거기에 들어갈
자들이 남아 있거니와 복음 전함을 먼저 받은 자들은 순종하지 아
니함으로 말미암아 들어가지 못하였으므로 **7** 오랜 후에 다윗의 글
에 다시 어느 날을 정하여 오늘이라고 미리 이같이 일렀으되 오늘
너희가 그의 음성을 듣거든 너희 마음을 완고하게 하지 말라 하였
나니 **8** 만일 여호수아가 그들에게 안식을 주었더라면 그 후에 다른
날을 말씀하지 아니하셨으리라 **9 그런즉 안식할 때가 하나님의 백**
성에게 남아 있도다 **10** 이미 그의 안식에 들어간 자는 하나님이 자
기의 일을 쉬심과 같이 그도 자기의 일을 쉬느니라

▫ 도입을 위한 글

영국 왕 에드워드 7세는 식사 예법을 몹시 중요하게 여겼다. 그래서 왕자들은 식사 시간을 언제나 무서워하곤 했다. 어느 날 아침 식사를 하던 요크 왕자는 갑자기 말을 더듬거리며 에드워드 7세에게 무엇인가 이야기를 하려 했다. 그러자 왕은 버럭 화를 내며, "식사 중에는 이야기를 하지 말라고 했지!" 하고 소리쳤다. 요크 왕자는 놀라서 그만 입을 다물고 말았다. 식사 후에 에드워드 7세는 요크 왕자를 조용히 불러서 이렇게 물었다. "그래, 아까 무슨 말을 하려고 했느냐?" "이제는 늦어 버렸어요." "늦어? 무슨 일이었는데?" "그때 할아버지 음식에 벌레가 들어갔었어요."
그 순간을 놓쳐 버리면 영영 다시 오지 않는 순간이 있다. 어떤 선택을 해야 할 것인가?

도입을 위한 질문

1. 지금까지 살아오면서 절호의 기회를 놓쳤던 경험이 있습니까?

2. 주님이 지금 여러분에게 주신 기회는 무엇입니까?

본문 질문

1. 안식에 들어갈 약속이 의미하는 것은 무엇입니까?(1절)

*안식(헬. 카타파우시스): 휴식, 거주(행 7:49). 안식에 들어갈 일차적 약속은 출애굽한 이스라엘 백성이 가나안에 들어갈 것에 대한 약속이었다.

2. 안식에 들어갈 수 있다는 약속에도 불구하고 두려워해야 할 이유는 무엇입니까?(1절)

3. 하나님의 안식에 들어갈 수 있는 조건은 무엇입니까?(2-3절)

*본 서신에서 저자는 '믿음'과 '순종'을 동의어로 사용하였다(2:3, 3:18-19).

4. 안식일의 규례를 다시 언급한 이유는 무엇입니까?(4-5절)

*저자가 주장하는 안식의 의미와 하나님의 창조사역이 관련 있음을 설명하였다(창 2:1-3; 출 20:10-11; 엡 1:4, 9).

5. 하나님의 백성들을 위해 안식이 아직 남아 있다는 것은 무슨 의미입니까?(6-9절)

*9절에서 사용된 안식(헬. 삽바티스모스)은 진정 하나님을 예배하는 자와 진정한 그리스도인들이 오는 세대에 찾게 되는 고통과 고민으로부터의 복된 안식을 의미한다.

6. 그의 안식에 들어간 사람은 어떻게 됩니까?(10절)

*안식(헬. 카타파우시스): 휴식, 휴식처.

적용 질문

1. 하나님의 안식에 들어가기 위해서 필요한 삶은 무엇입니까?

2. 영원한 안식에 대한 소망은 여러분의 신앙에 어떤 영향을 주고 있습니까?

▫ 적용을 위한 글

하나님께서는 안식을 약속하셨습니다. 여호수아가 이스라엘 백성들을 약속의 땅 가나안으로 인도하였으나 그곳도 참된 안식처는 아니었습니다. 참된 안식의 때는 아직 하나님의 백성에게 남아 있습니다. 그곳에 들어가기 위해 필요한 것은 예수 그리스도를 향한 "믿음"입니다. 참된 안식으로의 길은 유일합니다. 예수님을 믿고 그 믿음을 실천하십시오. 여호수아가 정복한 가나안은 최종적인 하늘의 안식에 대한 지상의 그림자입니다. 누구든지 예수 그리스도의 말씀을 듣고 믿음으로 순종하면 영원한 안식에 들어갈 수 있습니다. 물론 이미 안식에 들어가서 쉬는 이들도 있습니다. 여기서 쉰다는 것은 아무것도 하지 않는 것이 아닙니다. 이 땅에서 겪어야 하는 모든 시련과 유혹, 환난에서 자유하여 온전히 하나님을 섬기는 것을 뜻합니다(계 7:13-17). 참되고 영원한 안식의 날을 바라보며 끝까지 믿음의 경주를 하십시오.

때를 따라 돕는 은혜

8

▶ 본문 : 히브리서 4:11–16　　▶ 요절 : 히브리서 4:16

11 그러므로 우리가 저 안식에 들어가기를 힘쓸지니 이는 누구든
지 저 순종하지 아니하는 본에 빠지지 않게 하려 함이라 **12** 하나
님의 말씀은 살아 있고 활력이 있어 좌우에 날선 어떤 검보다도 예
리하여 혼과 영과 및 관절과 골수를 찔러 쪼개기까지 하며 또 마음
의 생각과 뜻을 판단하나니 **13** 지으신 것이 하나도 그 앞에 나타
나지 않음이 없고 우리의 결산을 받으실 이의 눈 앞에 만물이 벌거
벗은 것 같이 드러나느니라 **14** 그러므로 우리에게 큰 대제사장이
계시니 승천하신 이 곧 하나님의 아들 예수시라 우리가 믿는 도리
를 굳게 잡을지어다 **15** 우리에게 있는 대제사장은 우리의 연약함
을 동정하지 못하실 이가 아니요 모든 일에 우리와 똑같이 시험을
받으신 이로되 죄는 없으시니라 **16 그러므로 우리는 긍휼하심을
받고 때를 따라 돕는 은혜를 얻기 위하여 은혜의 보좌 앞에 담대히
나아갈 것이니라**

▣ 도입을 위한 글

저희 집에서 있었던 일화를 하나 소개하겠습니다. 우리 아이들이 어렸을 때입니다. 제가 아이들을 데리고 노는데, 한번은 둘째가 말을 안 들어서 공중에 높이 들고, "너 말 안 들으면 목욕탕에 빠뜨린다!"라고 했습니다. 그랬더니 아이가 처음에는 기분 좋아하다가 좀 겁이 나는지 내려달라고 했습니다. 그때 마침 첫째 아이가 들어왔는데, 둘째는 언니한테 도움을 청했습니다. "언니, 나 좀 살려줘! 아빠가 나를 처단하려고 그래! 나를 물에 빠뜨린대!" 그러면 보통 첫째가 합세해서 저에게 덤비기도 하는데, 그 날따라 전혀 대꾸가 없었습니다. "언니, 빨리 좀 살려달라니까?" 그제야 첫째가 목소리를 내리깔고는 이러는 것입니다. "야! 시끄러워. 조용히 좀 해. 아빠는 너를 절대 물에다 안 빠뜨리거든, 그러니까 그냥 거기서 푹 쉬어라." 제가 그걸 듣고 깨달은 게 있습니다. '아, 저것이 믿음이구나!'

– 강준민·장경철·전병욱, 『삼색기도』

도입을 위한 질문

1. 오늘 하나님께서 베풀어 주신 은혜와 그 은혜에 대한 여러분의 반응은 어떠했는지 되돌아 보십시오.

2. 주님의 말씀에 순종하기 위해서 여러분이 버려야 할 목록을 작성 해 보십시오.

본문 질문

1. 안식에 들어가기 위해서 해야 할 일은 무엇입니까?(11절)

2. 하나님 말씀의 능력에 대해서 설명해 보십시오(12–13절).

*말씀(헬. 로고스): 말, 하나님의 말씀, 법령, 도덕적 교훈, 구약의 예언, 담화, 언변력, 교리, 설화, 이성, 정신적 사고 능력, 숙고, 사도 요한에게는 하나님의 말씀의 본질인 예수 그리스도를 나타낸다(요 1:1, 14; 요일 1:1).

3. 하나님의 안식에 들어가는 것과 말씀에는 어떤 관계가 있는지 써 보십시오(11–13절).

*하나님의 안식에 들어가기 위해서 인간이 할 수 있는 방법은 매우 제한적이며 단순하다.

4. 큰 대제사장은 누구입니까?(14절)

5. 우리에게 있는 대제사장이 하신 일은 무엇입니까?(15절)

*동정(헬. 쉼파데오): 동정심을 느끼다(히 10:34), 동일한 감정을 가지다, 공감하다, 체휼하다, 동정심을 가지다.

6. 죄인인 우리가 은혜의 보좌 앞에 담대히 나아갈 수 있는 이유는 무엇입니까?(16절)

*보좌(헬. 드로노스): 왕좌, 지위를 상징하는 발판이 있는 의자, 왕권.

*때를 따라(헬. 유카이로스): 적시의, 시기가 좋은, 형편이 알맞은, 필요한 때에(막 6:21), 호기의, 적시의, 적절한.

적용 질문

1. 우리에게 은혜를 주시기 위해 예수 그리스도께서 하신 일은 무엇입니까?

2. 은혜의 보좌 앞에 얼마나 자주 나아가고 있는지 서로 나누어 보십시오.

▣ 적용을 위한 글

우리 인생의 목표는 하나님의 안식에 참여하는 것입니다. 하나님의 안식처에는 창세 이래로 불순종하는 자와 불신앙하는 자가 결코 들어갈 수 없습니다. 아무리 복음을 많이 들었다고 해도 그 믿음에 화합한 순종이 없으면 헛된 것이요, 죽은 믿음입니다(약 2:14, 17, 18, 20, 22, 26). 하나님의 안식에 들어가지 못할까 두려워하지 말고 믿음으로 순종하여 안식에 들어가기를 힘쓰십시오. 우리는 은혜가 필요할 때마다 하나님의 은혜의 보좌 앞에 확신을 가지고 담대히 나아가야 합니다. 하나님만이 우리에게 은혜를 주실 수 있습니다. 죄인 된 모습이 부끄럽습니까? 우리의 악함까지도 긍휼히 여기시는 주님 앞에, 그 보좌 앞에 담대히 나아가십시오.

9 영원한 구원의 근원

▶ 본문 : 히브리서 5:1-10　　▶ 요절 : 히브리서 5:9

1 대제사장마다 사람 가운데서 택한 자이므로 하나님께 속한 일에
사람을 위하여 예물과 속죄하는 제사를 드리게 하나니 **2** 그가 무
식하고 미혹된 자를 능히 용납할 수 있는 것은 자기도 연약에 휩싸
여 있음이라 **3** 그러므로 백성을 위하여 속죄제를 드림과 같이 또
한 자신을 위하여도 드리는 것이 마땅하니라 **4** 이 존귀는 아무도
스스로 취하지 못하고 오직 아론과 같이 하나님의 부르심을 받은
자라야 할 것이니라 **5** 또한 이와 같이 그리스도께서 대제사장 되
심도 스스로 영광을 취하심이 아니요 오직 말씀하신 이가 그에게
이르시되 너는 내 아들이니 내가 오늘 너를 낳았다 하셨고 **6** 또한
이와 같이 다른 데서 말씀하시되 네가 영원히 멜기세덱의 반차를
따르는 제사장이라 하셨으니 **7** 그는 육체에 계실 때에 자기를 죽
음에서 능히 구원하실 이에게 심한 통곡과 눈물로 간구와 소원을
올렸고 그의 경건하심으로 말미암아 들으심을 얻었느니라 **8** 그가
아들이시면서도 받으신 고난으로 순종함을 배워서 **9 온전하게 되**
셨은즉 자기에게 순종하는 모든 자에게 영원한 구원의 근원이 되
시고 **10** 하나님께 멜기세덱의 반차를 따른 대제사장이라 칭하심
을 받으셨느니라

▣ 도입을 위한 글

어느 크리스마스 이브에 아이라 D. 생키는 델라웨어 강을 거슬러 오르는 증기선을 타고 여행 중이었다. 사람들은 그에게 노래를 청했고, 생키는 '목자의 노래'를 불렀다. 찬송이 끝난 후 거칠어 보이는 한 사나이가 다가왔다. "혹시 남북전쟁 때 북군의 용사로 참전하지 않으셨습니까?" "네. 그랬지요." 생키가 대답했다. "그러면 1862년, 달이 밝았던 날 밤 보초근무를 했던 것을 기억하시겠습니까?" "네." 생키는 놀라움을 금치 못하며 대답했다. "저도 보초병이었지요. 같은 날 밤에. 하지만 저는 남군이었습니다. 전 당신이 보초를 서고 있는 걸 보고 결심했지요. 오늘밤, 이 자는 내 손에서 살아남지 못할 것이다. 어쨌든 저는 당신을 향해 총을 겨눴어요. 환한 달빛 아래 서 있는 당신을 해치운다는 것은 누워서 떡먹기였습니다. 하지만 바로 그때, 당신은 아까처럼 눈을 들어 하늘을 바라보며 노래하기 시작했어요. 저는 방아쇠를 당기려던 손가락을 잠시 빼고, 당신의 노래가 끝날 때까지 기다리기로 했지요. '이 놈을 언제든 죽일 수 있어. 내 총알이 빗나갈 리는 없지'라고 생각했습니다. 그때 당신은 바로 조금 전에 부르신 그 노래를 부르셨습니다. '선한 목자 구세주여 항상 돌봐주시고 선한 목자 구세주여 항상 인도합소서.' 그 찬송의 가사는 저에게 지난날의 기억들을 되살려 주었습니다. 저의 어린 시절과 하나님을 경외하셨던 어머니를 생각나게 했지요. 어머니께서는 종종 그 찬송을 제게 불러주시곤 하셨는데 너무 빨리 돌아가셨습니다. 아직도 살아 계셨다면 제 인생은 정말 많이 달라졌을 것입니다. 당신의 노래가 끝났을 때, 저는 당신을 향해 총을 겨눌 수 없었습니다."

– 미션소프트, 『디럭스 예화사전』

도입을 위한 질문

1. 위기의 상황에서 구원을 받은 적이 있다면 그 경험을 나누어 보십시오.

2. 영혼의 구원을 위해서 여러분이 해야 할 일은 무엇입니까?

본문 질문

1. 대제사장의 직무에 대해서 설명해 보십시오(1–3절).

*대제사장만이 1년에 한 차례(대속죄일), 지성소에 들어가 온 백성의 죄를 속하는 제사를 드렸다.

2. 속죄하는 제사는 어떤 제사를 의미합니까?(1절)

*Sin offering, 속죄제(贖罪祭)로도 번역된다. 죄를 속하기 위해 하나님께 드린 동물 희생의 제사(출 29:14, 36; 레 4장, 5:6–10:19, 14:13–15:30, 16장; 민 7장, 15:22–31, 29장; 대하 29:21–24; 스 6:17, 8:35; 느 10:33; 겔 40:39, 42:13, 43:18–45:25).

3. 옛 언약의 제사장들이 죄인들을 이해할 수 있었던 이유는 무엇입니까?(2-3절)

*제사장 및 대제사장은 하나님께 드리는 제사를 집례했지만 그들도 인간이었다.

4. 대제사장이 될 수 있는 사람은 어떤 사람입니까?(1-4절)

*출 29:4; 레 8:1-2; 요 13:1; 롬 3:10, 8:3; 요일 4:2

5. 예수 그리스도는 어느 반차를 따르는 제사장입니까?(6절)

*반차(헬. 탁시스): 정돈, 배열, 순서, 당연하거나 정당한 순서, 정연한 상태, 지위, 계급, 신분. 반차를 따른다는 의미는 멜기세덱(살렘의 제사장 왕으로 아브라함과 동시대 인물이다. 특히 성경에서 그리스도를 예표하며, 멜기세덱의 이름과 위엄은 의와 평화라는 메시아적 은사를 나타낸다)과 같은 유형의 제사장이라는 의미이지, 멜기세덱의 계열을 따라서 된 제사장이라는 의미는 아니다.

6. 예수 그리스도께서는 어떤 과정을 거쳐 영원한 구원의 근원이 되셨습니까?(7-9절)

*고난(헬. 에파덴): 법정에서 쓰인 용법으로 '형벌을 당하다'라는 뜻이다. 이 단어는 주로 그리스도의 수난과 그의 백성들의 고난을 의미한다.

*온전하게 되셨은즉(헬. 텔레이오오): 완성하다, 완전히 해내다, 의도한 목표를 끝내다, 성경의 예언을 성취하다.

적용 질문

1. 예수 그리스도의 순종은 우리에게 영원한 구원의 근원을 주었습니다. 그렇다면 여러분은 주님을 향하여 어느 정도 순종하고 있는지 돌아보십시오.

2. 영원한 구원이 여러분의 삶에서 왜 중요한지 이야기해 보십시오.

▣ 적용을 위한 글

제사장은 사람들의 대표로서 사람들 가운데서 선출하였고 하나님의 임명을 받았습니다. 제사장은 인간을 위하여 속죄의 제사를 드렸습니다. 그런데 제사장도 사람이기 때문에 제사장 자신을 위한 속죄제사가 필요했습니다. 그러나 멜기세덱의 반차를 따르는 대제사장이신 예수 그리스도는 구약의 대제사장보다 우월하신 분으로서 철저한 순종의 사람이셨습니다. 인성을 가진 인간이 감당하기 힘든 고난이 있었음에도 대속제물이 되는데 주저하지 않으셨습니다. 이 순종이 예수님을 믿는 모든 사람에게 영원한 구원을 주는 근원이 되었습니다. 오직 예수 그리스도만이 우리의 구원자이시며 인도자이십니다. 오직 그리스도만을 의지합시다.

10 장성한 자

▶ 본문 : 히브리서 5:11–14　　▶ 요절 : 히브리서 5:14

11 멜기세덱에 관하여는 우리가 할 말이 많으나 너희가 듣는 것이
둔하므로 설명하기 어려우니라 **12** 때가 오래 되었으므로 너희가
마땅히 선생이 되었을 터인데 너희가 다시 하나님의 말씀의 초보
에 대하여 누구에게서 가르침을 받아야 할 처지이니 단단한 음식
은 못 먹고 젖이나 먹어야 할 자가 되었도다 **13** 이는 젖을 먹는 자
마다 어린 아이니 의의 말씀을 경험하지 못한 자요 **14 단단한 음**
식은 장성한 자의 것이니 그들은 지각을 사용함으로 연단을 받아
선악을 분별하는 자들이니라

▫ 도입을 위한 글

믿음의 사람들의 특징은 계속해서 전진하는 것이다. 자전거는 계속해서 페달을 밟아야 넘어지지 않는다. 가장 어리석은 것은 너무 쉽게 축배의 잔을 드는 것이다. 작은 성취 앞에 머무르고 마는 것이다. 그때 성장은 멈추게 된다. 뒤로 물러나게 된다. 모든 것이 잘되고 있다고 생각할 때 전진하라. 우리가 멈추어 서는 순간에 우리 위를 누군가 밟고 앞서간다는 사실을

잊지 말라. 하나님을 아는 것과 믿는 것은 다르다. 아는 것을 정말로 믿을 때 역사가 일어난다. 그리고 믿을 때 하나님을 깊이 경험하게 된다.

– 강준민

도입을 위한 질문

1. 진짜 믿음과 가짜 믿음을 구별 짓는 차이점은 무엇인지 각자의 생각을 나누어 보십시오.

2. 여러분의 신앙 연수와 영적 성숙도에 대해서 솔직하게 나누어 보십시오.

본문 질문

1. 저자가 멜기세덱에 관해 설명하기 어려운 이유는 무엇입니까?(11절)

*둔하므로(헬. 에페이 노드로스): '거기서', 즉(시간이나 원인의) '때문에', 그렇지 않으면, 그 것 때문에, -인 까닭에, -이래로, 느린, 게으른, 나태한, 우둔한, 나른한.

2. 본 서신의 수신자의 영적 성숙도 어느 정도입니까?(12절)

3. 단단한 음식과 젖이 각각 상징하는 것은 무엇입니까?(12절)

*단단한 음식(헬. 스테레오스 트로페): 강한, 확고한, 움직일 수 없는, 단단한, 튼튼한, 굳은, 잔인한, 완고한, 견실한, 자양물, 식량, 음식, 고기(마 3:4; 행 14:17).

*젖(헬. 갈라): 젖, 우유, 별로 어렵지 않은 기독교 진리를 의미한다.

4. 의의 말씀을 경험하지 못한 자는 어떤 사람입니까? 또한 의의 말씀은 무엇입니까?(13절)

*의(헬. 디카이오쉬네): 광의의 의미로는 의, 하나님이 받으실 만한 조건을 가리키며 협의의 의미로는 각자에게 책임으로 주어진 정의와 도덕을 가리킨다.

5. 단단한 음식을 먹을 수 있는 자는 어떤 사람입니까?(14절)

*장성한 자(헬. 텔레이오스): 성인(成人)을 의미하는 단어로 지덕체(知德體)에 있어서 완전히 성숙된 사람(고전 14:20; 엡 4:13; 빌 3:15)에 대해 사용하였다.

---

6. '지각을 사용함으로', '선악을 분별하는'의 의미는 무엇입니까?(14절)

*지각(헬. 아이스데테리온): 지각하는 지성의 능력, 이해력, 판단력.

*선악: 도덕적, 윤리적 의미에서의 선악이 아니라 영적인 의미에서의 선악을 의미한다.

적용 질문

1. 여러분은 단단한 음식을 먹고 있습니까? 그렇지 못하다면 그 이유가 무엇인지 나눠보십시오.

---

2. 장성한 자가 되기 위한 신앙의 결심을 하고 서로를 위한 중보의 시간을 가지십시오.

▫ 적용을 위한 글

예수 그리스도는 아론 족속의 대제사장들이 하는 일에 비추어 부족함이 없으신 분으로서, 영원한 멜기세덱의 반차를 좇는 우리의 완전한 대제사장이 되셨습니다. 이로써 한시적이며 그림자로서의 대제사장이었던 아론의 사역은, 실체이시며 영원한 대제사장 되시는 예수 그리스도에 의해 모두 성취되었습니다. 히브리서 기자는 멜기세덱에 관한 설명을 하기에 앞서 신앙의 성숙의 필요성을 강조하였습니다. 영적인 어린아이는 말씀을 잘 소화시키지 못하는 신자이기 때문에 젖과 같은 말씀을 먹어야 합니다. 그리스도는 영적 어린아이를 책망하지 않으시고 오히려 섭취하기에 적당한 음식물을 준비하십니다. 또한 장성한 자를 위한 단단한 식물도 있습니다. 이와 같은 과정을 거쳐 모든 신자는 영적 성장에 필요한 영양을 공급받아 성장하며 성숙해야 할 것입니다. 영적으로 무지하여 성장을 멈추거나 오히려 퇴보하는 것이 아닌 정상적으로 공급되는 생명의 말씀을 통해서 장성한 신자가 되어야 합니다.

11 완전한 신앙

▶ 본문 : 히브리서 6:1-8 ▶ 요절 : 히브리서 6:2

1 그러므로 우리가 그리스도의 도의 초보를 버리고 죽은 행실을
회개함과 하나님께 대한 신앙과 **2 세례들과 안수와 죽은 자의 부
활과 영원한 심판에 관한 교훈의 터를 다시 닦지 말고 완전한 데
로 나아갈지니라** **3** 하나님께서 허락하시면 우리가 이것을 하리라
4 한 번 빛을 받고 하늘의 은사를 맛보고 성령에 참여한 바 되고 **5**
하나님의 선한 말씀과 내세의 능력을 맛보고도 **6** 타락한 자들은
다시 새롭게 하여 회개하게 할 수 없나니 이는 그들이 하나님의 아
들을 다시 십자가에 못 박아 드러내 놓고 욕되게 함이라 **7** 땅이 그
위에 자주 내리는 비를 흡수하여 밭 가는 자들이 쓰기에 합당한 채
소를 내면 하나님께 복을 받고 **8** 만일 가시와 엉겅퀴를 내면 버림
을 당하고 저주함에 가까워 그 마지막은 불사름이 되리라

▣ 도입을 위한 글

신앙생활이란 무엇인가? 교회를 다니는 것인가, 전도를 하는 것인가? 성경공부를 하고 예배에 참석하는 것이 신앙생활인가? 물론 이것을 신앙생활이라고 말할 수 있지만 정확히 말하면 신앙생활은 아니다. 교회를 다니고, 전도, 성경공부, 예배에 참석하는 그 중심에 '무엇'이 있는가에 참된 신앙생활과 가짜 신앙생활이 판가름 날 것이다. 예수 그리스도를 향한 참된 믿음이 있다면, 그 신앙생활은 겉으로 드러난 모습대로 신앙생활이다. 그러나 자신이 계획한 목표를 이루거나 무엇을 얻어 내기 위한 수단으로 신앙생활을 한다면 위선이며 외식이라고 할 수 있다. 가짜들이 넘쳐나는 이 시대에 우리는 진실로 주님을 믿고 따르는 참된 신앙생활을 하고 있는지 스스로에게 질문을 던져보자.

도입을 위한 질문

1. 여러분이 생각하는 참된 신앙생활의 구체적인 모습을 예를 들어 설명해 보십시오.

2. '완전한 신앙'은 무엇이라고 생각합니까?

본문 질문

1. '그리스도의 도의 초보'가 의미하는 것은 무엇입니까?(1절)

*도(헬. 로고스): 하나님의 말씀, 법령, 도덕적 교훈, 사도 요한에게는 하나님의 말씀의 본질이신 예수 그리스도를 나타낸다.

2. 그리스도의 도의 초보를 버리고 완전한 데로 나아간다는 말씀의 의미를 설명해 보십시오(2절).

*버리고(헬. 아피에미): 보내 버리다, 이혼하다, 영이 사람에게서 떠나거나 큰 소리를 지르는 것 또는 법적으로 헤어지는 것.

*완전한(헬. 텔레이오테스): (상태의) 완전, (정신적이거나 도덕적으로) 완전, 완벽(골 3:14).

3. 완전한 신앙의 경지로 나아가기 위해 필요한 것은 무엇입니까?(1, 3절)

*마 16:21-23; 롬 7:21-23; 엡 2:8.

4. 그리스도인이 누리는 특권은 무엇입니까?(4–5절)

*맛보다(헬. 규오마이): 알게 되다, 경험하다, 사람의 정신 활동인 인식하고 깨닫고 알게 되는 상황을 나타낼 때 사용됨, 상징적으로 (선이나 악을) 경험하다.

5. 다시 새롭게 하여 회개하게 할 수 없는 타락한 자들의 모습을 써 보십시오(6절).

*실제로 거듭난 신자는 다시 타락하지 않는다. 따라서 타락한 신자는 교회 안으로 들어온 가라지이다(마 13:24–30; 요 6:38–40; 롬 8:30–39).

6. 아래의 단어들의 의미를 써 본 뒤, 말씀과 연결하여 설명해 보십시오(7–8절).

*땅: 마 13:18–23/ *비: 욥 5:10; 사 44:3; 히 6:4–5/ *가시와 엉겅퀴: 창 3:17–18.

(1) 땅:

(2) 비:

(3) 가시와 엉겅퀴:

적용 질문

1. '밭 가는 자들이 쓰기에 합당한 채소'의 구체적인 모습을 써 보십시오.

2. 완전한 신앙의 경지에 이르기 위해서 변화되어야 할 여러분의 예배 자세는 무엇입니까?

▣ 적용을 위한 글

히브리서 기자는 연약한 신앙의 초보에 머무르지 말고 성숙한 신앙인으로 성장할 것을 권면합니다. 한편으로는 비참한 최후를 맞이하게 될 배교자들에 대해서도 경고하고 있습니다. 한마디로 영적 미성숙의 위험에 대한 경고입니다. 비록 과거에 초자연적인 신비한 체험을 많이 했을지라도, 영적 미성숙은 극심한 형벌을 받게 되는 배교로 이어질 가능성이 많습니다. 따라서 영적 성숙은 신자의 중요한 신앙 목표가 되어야 하며(1–2절; 엡 4:13), 그 목표 달성을 위해 주님의 말씀을 가까이 해야 합니다. 그리스도의 초보적인 수준에 머물러 완전한 데로 나아가지 못할 때 주님이 내리시는 진노의 심판이 반드시 있음을 잊지 마십시오.

12 약속을 기업으로 받으라

▶ 본문 : 히브리서 6:9-12　　▶ 요절 : 히브리서 6:12

9 사랑하는 자들아 우리가 이같이 말하나 너희에게는 이보다 더
좋은 것 곧 구원에 속한 것이 있음을 확신하노라 **10** 하나님은 불
의하지 아니하사 너희 행위와 그의 이름을 위하여 나타낸 사랑으
로 이미 성도를 섬긴 것과 이제도 섬기고 있는 것을 잊어버리지 아
니하시느니라 **11** 우리가 간절히 원하는 것은 너희 각 사람이 동일
한 부지런함을 나타내어 끝까지 소망의 풍성함에 이르러 **12 게으
르지 아니하고 믿음과 오래 참음으로 말미암아 약속들을 기업으
로 받는 자들을 본받는 자 되게 하려는 것이니라**

▣ 도입을 위한 글

춥고 비바람 치던 어느 늦은 봄날이었다. 달팽이 한 마리가 벚나무를 기어오르기 시작했다. 중간쯤 올라갔을 때였다. 옆 나무에 앉아 귀가 따가울 정도로 짹짹거리고 있던 참새 떼가 땀을 흘리며 힘겹게 벚나무를 오르

고 있는 달팽이를 발견했다. 그중 한 참새가 달팽이를 놀렸다. "야, 바보야. 나무에 버찌가 하나도 없잖아! 눈은 높이 달려있으면서 넌 그것도 안 보이니?" 달팽이는 한순간 눈앞이 캄캄해졌다. 그러나 곧 여유를 찾은 달팽이는 이렇게 대꾸했다. "걱정 마, 어차피 내가 저 위에 도착할 때쯤엔, 버찌가 무성해지지 않겠어?"

도입을 위한 질문

1. 여러분이 간절히 원하고 기대하는 일은 무엇입니까?

2. 주님께서 여러분에게 주신 약속의 기업은 무엇입니까?

본문 질문

1. '우리가 이같이 말하나'가 의미하는 바는 무엇입니까?(9절)

2. 본문 9절에서 히브리서 기자가 확신하는 것은 무엇입니까?

*영적 미성숙을 책망하며 배교를 경고했지만, 실상 그들 속에는 좋은 것과 선한 행위의 열매가 있었다.

3. 우리 성경에는 10절 원문 초두에 '왜냐하면'(헬. 가르)이라는 말이 생략되어 있습니다. 그것은 앞 절에서 그렇게 확신하는 이유를 설명하는 것입니다. 확신하는 이유를 설명해 보십시오.

4. 기자는 하나님이 의로운 분이라고 말합니다. 그 이유는 무엇입니까?(10절)

5. '끝까지'는 언제까지를 의미합니까?(11절)

*끝(헬. 텔로스): 끝, 한계, 마지막, 목표, 목적, 사용료, 요금.

6. 히브리서 기자가 간절히 원하는 것은 무엇입니까?(11–12절)

적용 질문

1. 참 성도의 소망은 무엇입니까?

2. 부지런한 신앙인이 되기 위해서 여러분이 지금 버려야 할 것은 무엇입니까?

▣ 적용을 위한 글

히브리서 기자는 배교자에 대한 무서운 경고를 한 후, 수신자들에게 구원에 '가까이 있는 자들'이라는 따뜻한 위로의 말과, 소망 중에 인내하라고 격려하고 있습니다. 신자들로 하여금 구원에 이르게 되는 구체적인 방법을 제시함으로써, 영적 성숙에 있어서 절실하게 요청되는 것이 무엇인지를 깨닫게 하고 소망을 갖도록 합니다. 하나님은 의롭고 정직하시며 우리의 삶에 대하여 기억하고 계십니다. 그래서 부족하지만 말씀대로 살고자 하는 우리의 삶을 지켜보시며 의의 길로 인도하십니다. 하나님의 사람은 하나님의 뜻을 이루기 위하여 살아갑니다. 이것이 진실로 회개한 그리스도인의 모습입니다.

영혼의 닻 13

▶ 본문 : 히브리서 6:13-20　　　▶ 요절 : 히브리서 6:19

13 하나님이 아브라함에게 약속하실 때에 가리켜 맹세할 자가 자
기보다 더 큰 이가 없으므로 자기를 가리켜 맹세하여 **14** 이르시되
내가 반드시 너에게 복 주고 복 주며 너를 번성하게 하고 번성하
게 하리라 하셨더니 **15** 그가 이같이 오래 참아 약속을 받았느니라
16 사람들은 자기보다 더 큰 자를 가리켜 맹세하나니 맹세는 그들
이 다투는 모든 일의 최후 확정이니라 **17** 하나님은 약속을 기업으
로 받는 자들에게 그 뜻이 변하지 아니함을 충분히 나타내시려고
그 일을 맹세로 보증하셨나니 **18** 이는 하나님이 거짓말을 하실 수
없는 이 두 가지 변하지 못할 사실로 말미암아 앞에 있는 소망을
얻으려고 피난처를 찾은 우리에게 큰 안위를 받게 하려 하심이라
**19 우리가 이 소망을 가지고 있는 것은 영혼의 닻 같아서 튼튼하
고 견고하여 휘장 안에 들어 가나니** **20** 그리로 앞서 가신 예수께
서 멜기세덱의 반차를 따라 영원히 대제사장이 되어 우리를 위하
여 들어 가셨느니라

▣ 도입을 위한 글

한번 구원의 확신을 가졌으면 흔들리지 말고 인내함으로 계속 성장해야 합니다. 13-15절 말씀은 그 좋은 예로 창세기의 아브라함을 이야기합니다. 그는 바랄 수 없는 가운데서도 바라고 믿음으로 말미암아 의롭다 인정을 받았으며, 또한 그 약속이 이루어질 것을 믿었습니다. 그는 이삭을 하나님께 드리면서 그의 경외함을 인정받고 행함으로 약속을 믿었습니다. 그 결과 아브라함은 '믿음'과 '오래참음'의 본이 되었습니다. 우리 역시 환경에 따라 요동하는 신앙이 아니라 그리스도의 약속을 믿고 오래 참는 가운데서 성장해야 합니다.

도입을 위한 질문

1. 여러분은 영혼의 닻을 어디에 내리고 있는지 자신을 살펴보십시오.

2. 하나님의 약속이 확실하다고 믿습니까? 어떻게 그 믿음을 증명할 수 있습니까?

본문 질문

1. 하나님께서 아브라함에게 약속하실 때 자신을 가리켜 맹세하신 이유는 무엇입니까?(13절)

*맹세(헬. 옴뉘오): 맹세하다, 확언하다, 약속하다, 협박하다, 증인으로 사람을 부르다, 호소하다.

2. 하나님이 아브라함에게 주신 약속은 무엇입니까?(13-14절)

*창 22:16-18.

3. '그가 이같이 오래 참아 약속을 받았느니라'는 말씀의 의미와 '약속'의 의미는 무엇입니까?(15절)

*약속(헬. 에팡겔리아): (지식, 동의, 서약에 대해, 특히 선에 대한 신적인 '확신'을) 통고, 소식, 약속(행 2:33; 엡 6:2).

4. 약속을 받은 아브라함이 오래 참을 수 있었던 이유는 무엇입니까? (13, 16절)

____

____

5. 하나님께서 맹세로 보증하신 이유는 무엇입니까?(17절)

*맹세는 하나님의 이름을 불러 어떤 것의 참됨이 확실함을 의미한다. 인간의 모든 논쟁에서 진실에 호소하는 최후의 수단이다.

____

____

6. 성도에게 주시는 하나님의 소망의 특징을 써 보십시오(18-20절).

*우리 구주 예수 그리스도께서 친히 자기 피로 우리를 사셨기 때문에 우리는 하나님의 은혜를 확신하였고 내세의 영광의 소망을 소유하게 되었다. 이는 우리 영혼의 견고한 닻과 같은 소망이다.

____

____

적용 질문

1. 여러분은 영혼의 닻과 같은 하나님의 소망을 받았는지 되돌아 보십시오.

2. 성도의 삶은 좁고 험한 십자가의 길입니다. 이 길을 걷는 여러분에게 필요한 것은 무엇입니까?

▣ 적용을 위한 글

본문 말씀은 하나님의 약속의 확실성을 가르쳐 줍니다. 하나님의 약속은 확실합니다. 왜냐하면 그것은 맹세로 보증된 약속이기 때문입니다. 하나님의 아들이신 예수 그리스도께서 깊이 개입하셨습니다. 그만큼 이 하나님의 확실한 약속들은 우리에게 견고한 소망과 큰 위안을 줍니다. 하나님의 확실한 약속과 소망은 우리 영혼의 견고한 닻과 같습니다. 그것 때문에 우리는 참된 안정과 평안, 또 큰 힘과 위로를 얻습니다. 우리의 구원은 전적으로 하나님의 말씀에 의존합니다. 우리의 내세의 소망과 영광도 전적으로 하나님의 약속의 말씀에 의존합니다. 그의 약속의 말씀이 확실하기에 우리는 그 말씀으로 인하여 기뻐하고 큰 위로와 힘을 얻게 됩니다.

14 멜기세덱

▶ 본문 : 히브리서 7:1–3　　▶ 요절 : 히브리서 7:1

**1 이 멜기세덱은 살렘 왕이요 지극히 높으신 하나님의 제사장이
라 여러 왕을 쳐서 죽이고 돌아오는 아브라함을 만나 복을 빈 자라**
2 아브라함이 모든 것의 십분의 일을 그에게 나누어 주니라 그 이
름을 해석하면 먼저는 의의 왕이요 그 다음은 살렘 왕이니 곧 평강
의 왕이요 **3** 아버지도 없고 어머니도 없고 족보도 없고 시작한 날
도 없고 생명의 끝도 없어 하나님의 아들과 닮아서 항상 제사장으
로 있느니라

▫ 도입을 위한 글

'멜기세덱'이라는 히브리어는 '의(義)의 왕', 살렘 왕이라는 말은 '평강의 왕'이라는 뜻이다. 멜기세덱은 창세기 14:18에 '지극히 높으신 하나님의 제사장'으로서 느닷없이 나타나 제사장의 직능으로 떡과 포도주를 가지고 아브라함을 축복하고 있다. 멜기세덱이 제사장과 왕의 두 직능을 한 몸에 겸비한 것은 후대에 이르러 이스라엘의 이상적 왕자를 예시한다. 따라서

이상적 왕자는 멜기세덱과 같은 자라고 칭함을 받았다(시 110:4). 그런데 그 당시 엘람 왕, 고임 왕, 시날 왕, 엘라살 왕이 소돔과 고모라를 침공했을 때, 아브라함의 조카 롯도 사로잡혀 갔다. 이 소식을 들은 아브라함이 정병 318명을 거느리고 단까지 추격하여 다메섹 좌편 호바에서 롯과 부녀 그리고 재물을 모두 되찾았다. 돌아올 때 소돔 왕이 나와 그를 영접하고, 기록된 것처럼 살렘 왕 멜기세덱이 떡과 포도주를 가지고 나왔다. 멜기세덱이 아브라함을 축복해주자 아브라함이 그 얻은 것에서 십분의 일을 멜기세덱에게 줌으로써 십일조의 창시자가 되었다.

– 아가페 성경사전

도입을 위한 질문

1. 여러분에게 참된 평화를 주는 사람이나 환경은 무엇입니까?

____

____

2. 예수 그리스도가 주시는 참된 평화를 누린 경험을 나누어 보십시오.

____

____

본문 질문

1. 멜기세덱은 누구입니까?(1절)

*멜기세덱: 살렘의 왕, 하나님의 가장 높은 제사장(히 5:6).

2. 살렘은 어디를 가리키며, 그 의미는 무엇입니까?(1절)

*멜기세덱이 왕이자 제사장이었던 성읍이다(창 14:18; 히 7:1–2). 예루살렘의 시적 명칭이기도 하다(시 76:2).

3. '멜기세덱'이란 이름의 뜻은 무엇입니까?(2절)

*시 85:10; 사 9:6; 렘 23:6.

4. 아브라함과 멜기세덱의 만남에 대해서 설명해 보십시오(창 14장 참조).

5. 하나님의 아들은 누구를 가리킵니까?(3절)

6. 멜기세덱과 하나님의 아들의 닮은 점을 써 보십시오(3절).

*아들(헬. 휘오스): 자손, 사람의 아들, 인자, 하나님의 아들, 매우 폭넓게 사용되어 상징적으로는 왕권을 지칭한다(마 4:3; 눅 9:22; 요 3:36; 롬 8:14).

적용 질문

1. 멜기세덱은 누구를 예표합니까?

2. 평강의 왕으로 오신 예수 그리스도가 여러분의 삶에 끼친 영향은 무엇입니까?

▣ 적용을 위한 글

멜기세덱은 살렘 왕이었습니다. 그는 지극히 높으신 하나님의 제사장이었습니다. 그는 조카 롯을 구하기 위한 전쟁에서 이기고 돌아오는 아브라함에게 떡과 포도주를 가지고 나와서 아브라함을 축복했습니다. 그는 아브라함의 손에 그 대적을 붙이시고 승리를 주신 하나님을 찬송했으며, 아브라함에게서 전쟁 노획물의 십분의 일을 받은 멜기세덱은 분명 역사적 인물이었습니다. 동시에 멜기세덱은 참 신비한 인물이었습니다. 그는 하나님의 아들 예수 그리스도의 모형과 예표(豫表)였습니다. 이스라엘의 제사장 계통은 레위에게로 소급되지만 멜기세덱은 이 계통에 속하지 않는 대제사장입니다. 히브리서 기자는 이 멜기세덱에게서 예수 그리스도 및 레위 계통적 제사장직을 능가하는 그의 제사장직에 대한 예언적 지시를 발견합니다. 멜기세덱을 통해서 우리는 예수 그리스도를 바라보아야 합니다.

15

멜기세덱의 위대함

▶ 본문 : 히브리서 7:4-10　　▶ 요절 : 히브리서 7:4

4 이 사람이 얼마나 높은가를 생각해 보라 조상 아브라함도 노략
물 중 십분의 일을 그에게 주었느니라 **5** 레위의 아들들 가운데 제
사장의 직분을 받은 자들은 율법을 따라 아브라함의 허리에서 난
자라도 자기 형제인 백성에게서 십분의 일을 취하라는 명령을 받
았으나 **6** 레위 족보에 들지 아니한 멜기세덱은 아브라함에게서
십분의 일을 취하고 약속을 받은 그를 위하여 복을 빌었나니 **7** 논
란의 여지 없이 낮은 자가 높은 자에게서 축복을 받느니라 **8** 또
여기는 죽을 자들이 십분의 일을 받으나 저기는 산다고 증거를 얻
은 자가 받았느니라 **9** 또한 십분의 일을 받는 레위도 아브라함으
로 말미암아 십분의 일을 바쳤다고 할 수 있나니 **10** 이는 멜기세
덱이 아브라함을 만날 때에 레위는 이미 자기 조상의 허리에 있었
음이라

▣ 도입을 위한 글

제사장은 하나님과 사람 사이의 중보자이다. 고대 민족에 있어서 제사장은 특별한 계급을 구성하고 있었다. 애굽, 미디안, 블레셋, 그리스, 로마 등에서 그 예를 볼 수가 있다(창 47:22; 출 2:16; 삼상 6:2; 행 14:13). 공식적으로 제사장직이 마련되기 이전부터 제사장적인 기능이 존재했었던 것은 가인과 아벨의 이야기에서 보여지고, 족장 시대에는 노아, 아브라함, 이삭, 야곱, 욥 같은 가족 또는 지파(부족)의 대표자가 제사장의 직무를 행했다. 출애굽 무렵에는 자연적 권능에 기초하여 제사장의 직무를 행하는 자가 히브리인 사이에 증가하고, 특히 이 제도가 애굽 사람의 제사장직에 자극되어 확립된 듯하다(출 19:22). 레위인이 제사장직을 담당하게 되고 나서도, 그들 이외의 사람이 제사장이 된 예도 있다. 하나님은 또한, 필요에 따라 정규의 제사장 이외의 사람이 제사장의 직무를 행하는 것을 인정하셨다(삿 6:18, 24, 26, 13:16). 시내 산에서는 히브리 민족을 위한 성소 봉사에 관한 율법이 전해지고, 여호와 하나님의 권위와 위엄을 보이는 자로서, 그 시대의 가장 문화적인 국민에 의한 순수한 예배 형식이 행해졌는데, 그때 제사장이 필요했고, 그 때문에 아론과 그 아들들이 제사장에 임명되었다. 동시에 제사장직은 그 일족의 세습으로 한정되고(출 28:1, 40:12-15; 민 16:40, 17장, 18:1-8; 신 10:5; 왕상 8:4; 스 2:36), 아론의 자손은 특별한 율법적 지장이 없는 한 제사장이 될 수 있었다(레 21:17).

– 그랜드주석 성경, 『레위기』

도입을 위한 질문

1. 고대 사회에서 왜 제사장이 중요했습니까?

2. 예수 그리스도와 제사장 직무의 비슷한 점은 무엇입니까?

본문 질문

1. 멜기세덱이 높은 첫 번째 이유는 무엇입니까?(4절)

*생각하라(헬. 데오레오): 눈으로 인지하다, 눈에서 즐기다, 분별하다, 확인하다, 구경하다, 쳐다보다, 보다.

2. '아브라함의 허리에서 난 자'의 의미는 무엇입니까?(5절)

*난(헬. 엑셀코마이): 널리 퍼져 나가, (그곳으로부터) 가다, 나오다, 나가다, 외국으로 가다, 가버리다.

3. 민수기 18장에 기록된 십일조 규례를 설명해 보십시오.

4. 멜기세덱이 높은 두 번째 이유는 무엇입니까?(6–7절)

*멜기세덱은 아브라함에게서 십일조를 받은 후 그를 축복하였다. 이 점에서 멜기세덱은 아브라함보다 높은 자이다.

5. 아브라함이 레위 족보에 들지도 않은 멜기세덱에게 십일조를 드렸다는 것은 어떤 의미입니까?(6–7절)

*레위 족보에 들지도 아니한 멜기세덱은 아브라함에게서 십일조를 취하였다.

6. 멜기세덱과 레위 지파의 제사장 간의 차이점에 대해서 정리해 보십시오(4–10절).

*레위인 제사장들은 단지 자기 백성들에게서 십일조를 취했을 뿐이다. 또한 그들은 유한 한 삶을 살았다.

적용 질문

1. 제사장으로서 멜기세덱의 위대함은 무엇입니까?

2. 예수 그리스도의 모형과 예표로 사용된 제사장은 누구입니까?

▣ 적용을 위한 글

하나님의 제사장인 멜기세덱은 신비한 인물임에 분명합니다. 성경에 기록된 여러 기록들을 통해서 볼 때, 그는 일반 제사장들과 분명한 차이가 있었습니다. 레위 지파 제사장들보다 높은 점들을 가지고 있었습니다. 우선 그가 아브라함에게서 십일조를 받았다는 점입니다. 이때 레위는 조상 아브라함 안에 있었다고 볼 수 있으므로, 레위 지파 제사장들도 아브라함으로 말미암아 멜기세덱에게 십일조를 드렸다고 말할 수 있습니다. 다음으로 그가 아브라함을 축복했다는 점입니다. 멜기세덱의 높은 점들은 그가 예표한 메시아, 곧 우리 주 예수 그리스도의 제사장직이 뛰어남을 암시합니다. 예수 그리스도는 레위 지파가 아니고 유다 지파에서 나셨으나 레위 지파 제사장들보다 뛰어난 크신 대제사장, 곧 멜기세덱 같은 특별한 제사장이셨습니다. 또한 예수 그리스도의 십자가 죽음과 부활로 말미암은 대속 사역은 레위 지파 제사장들에게 명령된 구약 율법의 제사 제도보다 더 뛰어난, 비교할 수 없는 일임이 분명합니다. 멜기세덱을 통해서 예수 그리스도를 바라보십시오.

놀라운 능력의 그리스도 16

▶ 본문 : 히브리서 7:11–19 ▶ 요절 : 히브리서 7:16

11 레위 계통의 제사 직분으로 말미암아 온전함을 얻을 수 있었
으면 (백성이 그 아래에서 율법을 받았으니) 어찌하여 아론의 반
차를 따르지 않고 멜기세덱의 반차를 따르는 다른 한 제사장을 세
울 필요가 있느냐 **12** 제사 직분이 바꾸어졌은즉 율법도 반드시 바
꾸어지리니 **13** 이것은 한 사람도 제단 일을 받들지 않는 다른 지
파에 속한 자를 가리켜 말한 것이라 **14** 우리 주께서는 유다로부
터 나신 것이 분명하도다 이 지파에는 모세가 제사장들에 관하여
말한 것이 하나도 없고 **15** 멜기세덱과 같은 별다른 한 제사장이
일어난 것을 보니 더욱 분명하도다 **16 그는 육신에 속한 한 계명
의 법을 따르지 아니하고 오직 불멸의 생명의 능력을 따라 되었으
니** **17** 증언하기를 네가 영원히 멜기세덱의 반차를 따르는 제사장
이라 하였도다 **18** 전에 있던 계명은 연약하고 무익하므로 폐하고
19 (율법은 아무 것도 온전하게 못할지라) 이에 더 좋은 소망이 생
기니 이것으로 우리가 하나님께 가까이 가느니라

▣ 도입을 위한 글

어떤 큰 건물을 머릿속에 그려보라. 그 건물을 유지하거나 지탱하는 것은 눈에 보이지 않는 철근이나 콘크리트일 것이다. 눈에 잘 보이는 벽지나 타일은 어떤가? 그것이 건물을 유지하는 실체인가? 아니다. 이 모든 것은 내부를 장식하는 재료일 뿐이다. 가끔 보면 아파트와 외관을 똑같이 만들었는데 철근이나 콘크리트를 전혀 사용하지 않은 집이 있다. 바로 모델하우스다. 그런 집은 사람이 들어가 살 수 없다. 왜냐하면 모델 하우스는 아무리 잘 지었더라도 합판 같은 것으로 만들어서 전혀 힘이 없기 때문이다. 이처럼 율법을 지키는 것이 구원을 이루지는 못한다. 율법은 주의 말씀을 지키기 위해 필요한 울타리요, 방패인 것이다. 그런데 예수님은 이 모든 율법을 성취하시고, 우리에게 완전한 의가 되어주셨다.

도입을 위한 질문

1. 율법(옛 계명)에 의한 레위 제사장과 예수 그리스도의 제사장 직분을 비교해 보십시오.

2. 기독교에서 예수 그리스도가 중요한 이유는 무엇입니까?

본문 질문

1. 아론이 아니라 멜기세덱의 계통을 통하여 다른 제사장을 세운 이유는 무엇입니까?(11절)

*온전함(헬. 텔레이오시스): '완전한 사죄, 완전한 화목, 완전한 헌신, 완전한 교제'를 가리키며, 또한 궁극적으로 이것들을 통해 가져올 도덕적 완전을 가리킨다.

2. 제사 직분이 바뀌면 율법도 바뀌는 이유를 써 보십시오(12-13절).

*원문에는 12절 초두에 '왜냐하면'이라는 말이 있다. 이것은 앞 절에서 제사장 직분의 변화에 대해 언급하는 이유를 나타낸다. 이것은 단지 제사장 직분의 변화가 아니고 결국 율법 제도의 변화임을 나타낸다.

3. 예수님께서 속한 유다 지파에 대해서 설명해 보십시오(13-14절).

*눅 3:23-38; 마 1:1-16; 계 5:5.

4. 예수님께서는 무엇을 따라 제사장이 되셨습니까?(15–17절)

*'불멸의 생명의 능력'은 예수의 신성과 신적 권위를 의미한다. 제한된 육신의 생명이 아닌 하나님의 영원한 생명을 가리킨다. 예수 그리스도는 아론의 자손 제사장들과 달리 영원한 제사장이시다(시 110:4).

5. '전에 있던 계명'의 특징은 무엇입니까?(18절)

*계명(헬. 엔톨레): 주문, 명령, 의무, 지시, 지령, 계율(마 5:19).

6. 우리에게 생긴 '더 좋은 소망'은 무엇입니까?(19절)

*율법을 통해서는 사람이 도덕적인 완전함을 얻을 수 없다(롬 3:20). 그러나 더 좋은 소망으로 오신 예수 그리스도께서는 우리의 완전한 의(義)가 되셨다(롬 5:1, 10:4; 고전 1:30).

적용 질문

1. 그리스도의 위대한 능력은 무엇입니까?

____

____

2. 예수님을 믿을 때 우리가 얻는 소망은 무엇입니까?

____

____

▣ 적용을 위한 글

예수 그리스도는 놀라운 능력의 주님이십니다. 예수 그리스도 자체가 하나님의 아들이시며 하나님의 신성을 가지신 분이기 때문입니다. 그만큼 그리스도의 능력은 여러 면에서 큰 차이가 있습니다. 구약의 제사장 직분은 사람에게 도덕적 완전함을 주지 못했습니다. 그것은 완전한 것에 대한 예표와 모형과 그림자에 불과하였습니다. 구약의 제사 제도와 율법 제도는 예표적, 모형적, 그림자적 성격을 가지고 있습니다. 우리는 예수 그리스도와 속죄의 복음의 실체적이고 완성적인 성격을 배워야 합니다. 이것은 구약에 비추어 더 좋은 소망의 내용입니다. 성경은 멜기세덱의 반차를 좇은 새 제사장 직분에 대해 말씀하였고, 그 말씀대로 주 예수 그리스도께서 오셨습니다. 이보다 더 큰 능력은 없습니다. 영원한 생명을 주시는 예수 그리스도만이 우리가 믿어야 할 유일한 믿음의 대상입니다.

17

더 좋은 언약의 보증

▶ 본문 : 히브리서 7:20–25 ▶ 요절 : 히브리서 7:22

20 또 예수께서 제사장이 되신 것은 맹세없이 된 것이 아니니
21 (그들은 맹세 없이 제사장이 되었으되 오직 예수는 자기에게
말씀하신 이로 말미암아 맹세로 되신 것이라 주께서 맹세하시고
뉘우치지 아니하시리니 네가 영원히 제사장이라 하셨도다) **22 이
와 같이 예수는 더 좋은 언약의 보증이 되셨느니라 23** 제사장 된
그들의 수효가 많은 것은 죽음으로 말미암아 항상 있지 못함이로
되 **24** 예수는 영원히 계시므로 그 제사장 직분도 갈리지 아니하느
니라 **25** 그러므로 자기를 힘입어 하나님께 나아가는 자들을 온전
히 구원하실 수 있으니 이는 그가 항상 살아 계셔서 그들을 위하여
간구하심이라

▣ 도입을 위한 글

언약은 '주권적으로 시행되는 피로 맺은 계약'입니다. 하나님의 언약에는 생사 문제가 달려 있습니다. 하나님께서는 자신을 인간에게, 그리고 인간

을 하나님 자신에게 묶어 두셨습니다. 여러분의 영혼의 생명, 가정의 복, 생업의 번영, 그리고 세상의 진행 등 크고 작은 모든 문제들은 다 하나님의 언약 안에 속해 있습니다. 한 개인의 평화는 언약을 믿으며 그 약속대로 행하는 데서 시작되는 것입니다.

– 파머 로버트슨, 『언약이란 무엇인가?』

도입을 위한 질문

1. 하나님의 약속이 갖는 특징은 무엇입니까?

____

____

2. 약속의 중요성에 대해서 나누어 보십시오.

____

____

본문 질문

1. 제사장이신 예수님이 레위 지파의 제사장보다 더 나은 이유를 써 보십시오(20–21절).

*율법 아래에서 아론의 자손인 제사장들은 하나님의 맹세 없이 제사장이 되었다.

2. '이와 같이'라는 원어(헬. 카타 토수토스)는 '이렇게 큰 것에 의해'라는 뜻입니다. 여기에서 '큰 것'이란 무슨 의미입니까?(22절)

3. '더 좋은 언약'이 무엇인지 설명해 보십시오(22절).

*예수 그리스도는 하나님의 새 언약의 보증이 되셨다.

*언약(헬. 디아데케): (특별히) 계약(특히 유증할 수 있는 유언).

*보증(헬. 엥귀오스): (마치 구성원에 의해 표현된) 담보로 된, 즉 보증인, 보증.

4. 예수 그리스도의 제사장과 레위 지파의 제사장의 차이점은 무엇입니까?(23-24절)

*갈리지 않는(헬. 아파라바토스): 임시적이지 않다, 변하지 않다, 영속적이다, 더럽혀지지 않은, 신성한.

5. 예수 그리스도를 믿는 자만이 온전한 구원을 얻을 수 있는 이유는 무엇입니까?(24-25절)

*자기를 힘입어(헬. 디아 아우투): 그를 통하여.

*온전히(헬. 에이스 토 판텔레스): 끝까지, 영원히, 완전히.

6. 예수 그리스도를 힘입어 나아가는 자들은 어떻게 됩니까?(25절)

*제사장 예수 그리스도께서 그를 통해 하나님께 나아가는 자들을 영원히 구원하실 수 있는 까닭은 그가 항상 살아서 저희를 위해 간구하시기 때문이다.

*간구한다(헬. 엔튕카노): 중재한다, 중보의 일을 한다.

적용 질문

1. 더 좋은 언약의 보증은 누구를 통해서 이루어집니까?

2. 예수님께서 지금도 여러분을 위해 중보하신다는 사실을 통해서 우리가 가질 수 있는 소망은 무엇입니까?

▣ 적용을 위한 글

육체의 예법에 따른 레위 계통의 제사장은 인간이기 때문에 늘 부족했습니다. 그래서 자신과 백성들을 위해 반복적으로 속죄를 위한 동물 제사를 드려야만 했습니다. 그리고 인간의 생명에는 한계가 있기 때문에 다른 제사장을 계속해서 세워야 했습니다. 율법은 연약하기 때문에 아무것도 온전하게 할 수 없었습니다. 그러나 이제 새로운 실체가 나타나므로 그림자인 옛 율법은 사라지게 되었습니다. 시작도 끝도 없는 멜기세덱처럼 오신 분이 바로 예수 그리스도이십니다. 그분은 제사장 직분을 맡은 레위 지파가 아닌 다윗 왕의 지파입니다. 그분은 한시적인 율법에 의한 레위 지파가 아닌 무궁한 생명의 능력을 좇아 멜기세덱처럼 모든 것을 초월하셨습니다. 또한 율법의 약점을 완전히 보완하셨습니다. 예수 그리스도는 영원히 살아 계시고, 단번에 자신을 십자가에 드림으로 온전히 속죄하셨습니다. 그분은 율법 후에 하나님이 맹세하신 말씀을 근거로 오셨기에 모든 필요를 충족시킬 수 있는 분입니다.

18

오 놀라운 십자가

▶ 본문 : 히브리서 7:26–28　　　　▶ 요절 : 히브리서 7:28

26 이러한 대제사장은 우리에게 합당하니 거룩하고 악이 없고 더
러움이 없고 죄인에게서 떠나 계시고 하늘보다 높이 되신 이라 **27**
그는 저 대제사장들이 먼저 자기 죄를 위하고 다음에 백성의 죄를
위하여 날마다 제사 드리는 것과 같이 할 필요가 없으니 이는 그가
단번에 자기를 드려 이루셨음이라 **28 율법은 약점을 가진 사람들
을 제사장으로 세웠거니와 율법 후에 하신 맹세의 말씀은 영원히
온전하게 되신 아들을 세우셨느니라**

▣ 도입을 위한 글

십자가의 비밀은 한마디로 신비다. 아무도 할 수 없는 구원의 문제를 해결했기 때문이다. 구원은 무엇인가? 영원과 관계된 삶을 의미한다. 구원받지 못하면 영원한 죽음과 형벌을 받으며 지옥에 있게 된다. 반면에 구원받은 사람은 영원한 생명과 함께 천국의 기쁨을 누릴 것이다. 이와 같은 천국과 지옥의 삶을 결정하는 구원의 문제는 인간에게 가장 중요한 문제다. 그러나 아쉽게도 인간에게는 이 구원의 문제를 해결할 능력이 없

다. 조금의 여지도 없다. 이 문제 해결을 위해서 하나님은 사랑하는 독생자 예수 그리스도를 인간이 되게 하셨다. 하나님이 인간이 된다는 사실 자체도 신비지만 인간의 몸으로 십자가에서 죽으신 것도 실로 놀랄 만한 일이다. 그리스도의 십자가는 구원의 문제를 단번에 해결하셨다. 십자가에서 흘리신 보혈로 씻음을 받은 모든 사람은 구원받아 영원한 생명을 얻는다. 십자가, 십자가, 무한 영광일세!

– 양재웅, 『묵상노트』

도입을 위한 질문

1. 그리스도의 십자가가 왜 신비인지 나누어 보십시오.

____

____

2. 십자가의 능력에 대해서 나누어 보십시오.

____

____

본문 질문

1. '이러한 대제사장'은 누구를 의미합니까?(26절)

*'우리에게 합당하니'는 예수 그리스도만이 우리의 영원한 대제사장으로서의 자격이 있다는 뜻이다.

2. 율법이 정한 대제사장만의 직무에 대해서 설명해 보십시오(27절).

*제사장 계급의 수반으로서 하나님 앞에서 백성을 대표하고, 예배에 관한 사항을 지휘했다(출 27:21, 28장; 레 21:16-23). 대제사장은 기름 부음 받은 제사장으로서 다른 제사장과 구별된다(레 4:3, 5, 16, 21:10; 민 35:25).

3. 대제사장이신 예수 그리스도의 특징에 대해 설명해 보십시오(26-27절).

*떠나 계시고(헬. 코리조): 분리하다, 나누다, 조각내다, 자신을 분리시키다, 출발하다, 이혼하다, 나가다.

4. 대제사장이신 예수 그리스도를 통해서 우리가 깨닫게 되는 것은 무엇입니까?(26-27절)

*요 14:6; 행 4:12.

5. '그가 단번에 자기를 드려 이루셨음이라'의 자기를 드린 방법은 무엇입니까?(27절)

*온 인류의 죄를 속하기 위하여 예수 그리스도는 단번에 그 자신을 화목제물로 드려 영원한 대속 사역을 성취하셨다.

6. 율법과 하나님이 하신 맹세의 차이점은 무엇입니까?(28절)

*'온전하게 되었다'는 말씀은 2:10, 5:8-9에서 사용되었다. 이 말은 구주로서의 사역을 온전히 이루셨다는 뜻이다.

적용 질문

1. 대제사장이신 예수 그리스도를 통해서 우리가 입은 은혜는 무엇입니까?

2. 십자가의 사랑을 베풀어주신 그리스도를 위해서 여러분이 할 일은 무엇입니까?

▣ 적용을 위한 글

수신자들은 율법의 행위로 인한 구원을 주장하는 유대교도들의 주장으로 매우 혼란스러워했습니다. 이에 히브리서 기자는 율법이 아닌 그리스도를 통한 은총으로 구원이 단번에 이루어졌다는 사실을 분명히 밝혔습니다. 대제사장이신 예수 그리스도는 단번에 자신을 드려 대속을 이루셨습니다. 이는 그 누구도 흉내 낼 수 없는 놀라운 사역입니다. 율법은 아무것도 완전하게 하지 못합니다. 완전하고 온전한 구원은 오직 그리스도로만 가능합니다. 예수 그리스도는 영원히 살아계시기 때문에 그의 제사 직분은 영원하고 불변적이며, 그는 죄가 없는 하나님의 아들이시므로 그의 제물은 완전하고 그의 대속 사역은 완전하고 영원합니다. 죄인들을 위하여 보배로운 피를 흘리신 그리스도께 우리는 큰 감사와 헌신과 영광을 돌려야 합니다.

*인도자를 위한 지침

1. 성경공부가 단순히 공부로 끝나지 않도록 간절한 기도로 시작해야 합니다. 하나님의 깊은 것까지 통달하시며 우리에게 밝혀 주시는 성령님을 의지하는 자세가 있어야 합니다. 그렇지 않으면 성경공부를 통해서 하나님의 메시지를 발견하기보다는 자신이 원하는 대로 하나님의 메시지를 조작하는 오류와 착각에 빠져 결국 헛된 시간이 될 수 있습니다.

2. 성경공부를 통해서 밝히 드러나야 할 분은 오직 예수 그리스도이십니다. 성경공부에 참여하는 조원들이 성경공부를 통해서 예수 그리스도와 십자가를 경험할 수 있도록 세심하게 준비하십시오. 또한 그들이 적극적으로 성경공부에 참여하도록 예습 및 복습을 하고 성경공부 시간 내에 조원들의 상태를 두루 살펴야 합니다.

3. 히브리서는 아주 쉬운 성경이면서 동시에 심오한 진리를 담고 있습니다. 어려울 수도 있지만 그 반대로 아주 명료합니다. 이 서신을 받은 초기 그리스도인들이 설교시간에 설교문으로 그대로 낭독했듯이 진지하게 정독한다면 메시지는 분명합니다. 예수 그리스도의 탁월성을 설명한 한편의 설교입니다. 따라서 조원들은 학습할 본문을 깊이 묵상하며 지속적으로 통독하도록 해야 합니다. 그래서 히브리서 전체를 통해서 예수 그리스도를 느끼고, 각 부분을 통해서도 예수 그리스도의 탁월성을 느끼도록 해야 합니다.

1과 영광의 광채

*point **영광의 광채는 예수 그리스도이시다.**

하나님은 분명 영광을 돌려야 할 대상입니다. 이것이 지금까지 유대인들의 고정관념이었습니다. 그래서 하나님과 자신을 동일시했던 예수님을 못 박아 죽였던 것입니다. 이 같은 고정관념을 버리지 못한 유대인들에게 하나님의 영광의 광채가 아들 예수님께 있음을 가르쳐 줍니다. 무엇보다도 예수님은 하나님과 본질상 같다는 점을 강조해야 합니다. 또한 예수님을 통해서만 죄 씻음을 받아 천국에 들어갈 수 있음을 가르쳐야 합니다.

2과 예수 그리스도의 우월성

*point **예수 그리스도는 천사보다 우월하시다.**

예수 그리스도의 우월성은 그 누구도 부인할 수 없는 명백한 진리입니다. 당시 천사들을 의지하던 유대인들처럼 현대인들은 이성과 지성, 과학과 가설을 의지합니다. 그러한 것들이 모두 헛되다는 사실을 가르쳐야 합니다. 가장 우월하신 분은 예수 그리스도이십니다.

3과 구원의 확증

*point **예수 그리스도를 통하여 확증된 구원을 믿자.**

구원은 하나님의 선물입니다. 바로 예수 그리스도 자체가 선물인 것입니다. 예수 그리스도를 통하여 확증된 구원을 받은 신자들의 삶에 십자가는 결코 뗄 수 없는 징표입니다. 갈보리에서 흘리신 예수 그리스도의 피가 없었다면 구원은 결코 우리와 관계없을 것입니다. 따라서 예수 그리스도를 통하여 성취된 구원을 등한시할 때 그에 따른 심판을 절대로 피할 수 없음을 기억해야 합니다.

4과 신실한 대제사장

*point **예수 그리스도는 신실한 대제사장이시다.**

예수 그리스도께서 구약의 대제사장과 다른 점은 예수님은 단번에 속죄 제사를 완성하셨다는 점입니다. 예수께서는 인간이 되셨고 시험과 고난을 받으셨습니다. 그래서 고난받는 모든 사람을 이해하게 되었고, 고통받는 모든 사람을 도와줄 수 있게 되었습니다. 예수께서는 신실한 대제사장이 되셔서 고난이 무엇인지, 슬픔이 무엇인지를 경험하셨습니다. 구약시대의 대제사장의 직무를 갈보리 십자가에서 단번에 이루신 예수 그리스도야말로 진실로 온전하고 신실한 대제사장이심을 나누십시오.

5과 예수를 깊이 생각함

*point **모세보다 우월하신 예수 그리스도를 바라보자.**

모세는 하나님 집의 종으로 아주 신실하게 살았습니다. 모세는 이스라엘 백성의 가장 위대한 지도자요, 하나님께로부터 율법을 받은 지도자였습니다. 모세는 모든 유대인이 가장 존경하는 지도자로서 지금까지 존경받고 있습니다. 그러나 모세는 예수 그리스도를 드러내는 그림자일 뿐입니다. 예수 그리스도의 가르침과 하신 일들을 깊이 생각하는 것이야말로 우리에게 가장 중요한 일입니다. 그분의 십자가, 죽으심, 부활을 묵상하며 예수 그리스도와 한 걸음씩 동행하는 믿음의 길을 걸어가십시오.

6과 내가 이 세대에 노하여

*point **주님의 경고를 잊지 말고 오직 예수 그리스도를 믿자.**

출애굽한 이스라엘 백성의 죄는 하나님을 진노하시게 하였습니다. 주님의 역사하심을 분명하게 목도하였음에도 반복해서 죄를 범한 사람들은 비단 그들만이 아닙니다. 바로 주님의 말씀(성경)이 분명히 내려졌음에도 이를 믿지 못하고 계속해서 죄를 짓는 우리도 주님의 경고를 귀담아 들어야 합니다. 주님의 경고 앞에 두려움보다는 진심으로 십자가를 붙들며 회개해야 할 것입니다. 예수 그리스도를 온전히 믿지 않을 때 주님의 경고가 심판이 된다는 사실을 가르쳐 주십시오.

7과 안식할 때

＊point 참된 안식을 위하여 예수 그리스도를 믿음으로 순종하자.

예수 그리스도를 진실로 믿는 신자들은 하나님의 안식에 참여할 수 있습니다. 문제는 이 세상 속에서 안식을 찾으려는 인간의 죄성입니다. 조원들이 죄성을 인지하며 자신이 악한 죄인이라는 사실을 깨닫고 회개하게 하십시오. 그래서 참된 안식을 열어주시는 분은 오직 예수 그리스도라는 진리를 명료하게 선포하시기 바랍니다. 가나안에서 취한 안식보다 더 훌륭한 영적인 안식이 참된 신자들을 위하여 예비되어 있습니다. 주님의 말씀에 믿음으로 순종하는 신자는 장래에 이 복된 안식에 들어가게 될 것입니다.

8과 때를 따라 돕는 은혜

＊point 적절한 때에 은혜를 주시는 예수 그리스도께 믿음으로 나아가자.

예수 그리스도의 복음은 살았고 활력이 있으며 마음의 생각과 뜻을 밝힙니다. 누구든지 말씀 앞에 숨을 자가 없습니다. 말씀은 우리의 모든 것을 드러냅니다. 그런데 이 말씀이 바로 예수 그리스도를 증언합니다. 믿음의 고백이 바로 예수님입니다. 예수 그리스도를 고백하는 것은 말씀에 순종하는 것이며 영원한 안식에 들어가는 것입니다. 주님께서 희생제물이 되셔서 은혜를 주셨습니다. 문제는 이 은혜를 받아들이지 못하고 믿지 못하는 우리에게 있습니다. 이 사실을 학습하는 조원들에게 분명히 가르쳐 주십시오.

9과 영원한 구원의 근원

＊point 멜기세덱의 반차를 따른 대제사장이신 예수 그리스도께 순종하자.

속죄 제사를 드리던 제사장은 인간이기 때문에 역시 죄의 문제에서 자유롭지 못했습니다. 그러나 멜기세덱의 반차를 따르는 대제사장이신 예수 그리스도는 죄가 없으십니다. 예수 그리스도는 스스로 성부 하나님께 순종하심으로써 이후 자신에게 순종하는 모든 인간을 구원하십니다. 이러한 사실을 명확하게 알도록 가르쳐야 합니다. 예수님만이 우리의 구원자이시며 인도자이십니다. 그분께 절대 순종해야 합니다. 영원할 것이라고 우리를 속이는 악한 영들의 꾀임, 세상의 문명과 철학에 속지 말고 영원한 구원의 근원이신 대제사장 예수 그리스도만을 따르도록 가르치십시오.

10과 장성한 자

＊point 예수 그리스도께서 공급하시는 생명의 말씀으로 장성한 신자가 되자.

오랜 신앙생활을 하고 있음에도 여전히 단단한 음식을 먹지 못하는 어린아이와 같은 신자들이 많이 있습니다. 영적으로 자라지 못하면 깊은 하나님의 말씀으로 더 나아갈 수 없으며, 성장과 성숙에 필요한 말씀도 듣지 못하게 됩니다. 이와 같은 비극적인 일이 생기지 않도록 조원들을 격려하고 신앙이 정상적으로 자라도록 도와주십시오.

11과 완전한 신앙

＊point 완전한 신앙의 경지로 나아가 주님이 기뻐하시는 열매를 맺자.

그리스도의 도의 초보에 머물러서 자라지 못하는 성도가 많이 있습니다.

엄밀히 말해서 그들은 성도라고 할 수 없습니다. 그들은 하나님이 주시는 수많은 은혜를 체험했음에도 진실로 주님을 믿지 않고 회개도 없으며 말씀에 순종하지 않습니다. 당연히 그들은 하나님의 심판을 받습니다. 그러나 아직 늦지 않았습니다. 진실로 회개하고 그리스도의 십자가를 붙들며 믿음의 길을 걷는다면, 주님은 성령의 열매를 맺게 하십니다.

12과 약속을 기업으로 받으라

*point **믿음과 인내심을 가지고 주님을 따르는 신앙을 갖자.**

허울뿐인 신앙인으로 사는 것이 아니라 말씀의 사람이 되고자 몸부림쳐야 합니다. 게으르지 않고 믿음과 오래 참음으로 약속을 기업으로 받은 믿음의 선진들을 본받아야 합니다. 약속을 기업으로 받은 신앙인으로서 끊임없이 자신을 되돌아보는 믿음의 경주를 쉬지 않아야 합니다. 매 순간 악한 영들의 시험이 있을지라도 더욱 그리스도의 십자가를 붙들며 인내심을 가지고 주님을 진실로 따르는 신앙인이 되어야 합니다.

13과 영혼의 닻

*point **영혼의 닻과 같은 하나님의 소망을 품고 믿음의 길을 걷자.**

신앙생활을 하다 보면 형통할 때도 있지만 수많은 환난과 핍박으로 힘들 때도 있습니다. 그때마다 우리는 쉽게 신앙의 길에서 벗어나 세상이 원하는 길을 걸으려고 합니다. 그러나 신자는 하나님이 친히 약속하신 말씀에 영혼의 닻을 내려야 합니다. 절대로 흔들리지 않을 하나님의 확실한 약속을 붙들 때 우리는 영원한 소망과 기쁨을 누릴 수 있습니다. 이 확실한 약속의 실체이신 예수 그리스도를 붙들도록 가르쳐 주십시오.

14과 멜기세덱

*point **살렘 왕 멜기세덱은 예수 그리스도시다.**

멜기세덱은 지극히 높으신 하나님의 제사장이었습니다. 실존했던 역사적 인물이며 예수 그리스도를 예표합니다. 멜기세덱은 창세기를 비롯한 여러 성경에서 언급(시 76:2, 110:4; 사 9:6)되었으며, 율법에 근거한 레위 지파의 혈통에 속하지 않은 독보적이며 유일한 하나님의 제사장입니다. 그는 바로 예수 그리스도이십니다. 살렘 왕 멜기세덱은 곧 예수 그리스도이십니다.

15과 멜기세덱의 위대함

*point **멜기세덱은 레위 지파 제사장보다 위대하시다.**

레위 지파의 제사장은 하나님과 인간 사이를 잇는 중보 역할을 하였습니다. 그러나 이들은 인간이었고 단순히 모세의 율법에 따라 세워진 제사장일 뿐이었습니다. 한마디로 많은 한계를 가지고 있었습니다. 그러나 멜기세덱은 달랐습니다. 십일조를 받았을 뿐만 아니라 축복권도 가지고 있었습니다. 그의 존재는 하나님의 아들과 같습니다. 멜기세덱은 인간의 그 무엇을 가지고 함부로 판단할 수 없는 위대한 하나님의 제사장, 즉 예수 그리스도를 예표합니다.

16과 놀라운 능력의 그리스도

*point **더 나은 소망을 주시는 그리스도의 능력은 영원무궁하시다.**

멜기세덱의 반차를 따르는 예수 그리스도는 대제사장으로 계시면서 항상 우리를 위하여 간구하십니다. 환난과 핍박이 있을지라도 예수께서는 우리 인간들이 겪은 고난을 몸소 체험하셨기 때문에, 우리 고통의 면면을 이해해 주시고, 고통을 나누어 지시고, 고통을 덜어주기 위하여 중보하십니다. 우리가 범죄했다 할지라도 진정으로 회개하고 새로운 삶을 살기로 결단하면, 현재 우리의 대제사장으로서 하나님의 보좌 우편에서 우리의 죄를 위하여 대신 간구해 주시는 분입니다. 우리가 의지할 분은 오직 예수 그리스도이십니다.

17과 더 좋은 언약의 보증

***point 예수 그리스도는 영원한 구원 언약의 보증이시다.**

제사장이신 예수 그리스도께서 아론의 자손 제사장들보다 더 뛰어나신 것은 그가 하나님의 맹세로 제사장이 되셨다는 점입니다. 또한 그가 영원히 살아계심으로 그를 믿는 자들을 끝까지, 영원히, 온전히 구원하실 수 있다는 것입니다. 한마디로 예수 그리스도만이 우리의 영원을 책임지실 영원하신 분입니다. 예수 그리스도는 더 좋은 언약의 보증이 되십니다. 무엇보다도 감사하고 놀라운 사실은 그분이 지금도 우리를 위해서 중보하신다는 사실입니다.

18과 오 놀라운 십자가

***point 예수 그리스도는 십자가를 통하여 단번에 구원을 성취하셨다.**

구원을 위한 방법은 유일합니다. 오직 대제사장이신 예수 그리스도를 통해서만 가능합니다. 무흠하시고 영원불변하신 그리스도를 통한 구원만이 우리를 천국으로 인도할 것입니다. 요즘 세상은 다원주의의 영향으로 모든 종교에 구원이 있다고 떠들어댑니다. 이러한 주장이 잘못되었음을 가르쳐주며, 오직 예수 그리스도의 보혈의 공로로 구원받을 수 있음을 가르쳐 주십시오. 속죄를 위한 반복적인 제사는 더 이상 필요없습니다. 필요한 것은 오직 그리스도의 십자가뿐입니다.

쉽게 편찬된 구역 및 대학 · 청년부
G.B.S.용 교재

쉬운 히브리서 I

Precept

저자 | 양재웅

초판 1쇄 | 2009년 7월 23일
개정 1판 1쇄 | 2014년 2월 12일

발행인 | 김경섭
국제국장 | 최복순
총무 | 김상현 기획국장 | 김현욱
사역부 | 박상철 서적부 | 신충경, 양재성
편집부 | 고유영(편집실장), 박은실(팀장), 김지혜, 허윤희

발행처 | 프리셉트선교회
등록번호 | 108-82-61175
일부총판 | (사) 두란노 서원 Tel. (02) 2078-3333 Fax. 080-749-3705

주소 | 서울시 동작구 사당5동 190-220 (우) 156-095
전화 | (02) 588-2218 팩스 | (02) 588-2268
홈페이지 | www.precept.or.kr
국민은행 772-21-0310-382(김경섭)

값 3,800원
ISBN 978-89-8475-609-0 04230
ISBN 978-89-8475-400-3 (세트)

독자 여러분의 의견을 기다립니다.
독자 전화 (02) 588-2218 / pmnqt@hanmail.net